ROGERIO DULTRA

AGONIA E VERTIGEM

O SEQUESTRO DA DEMOCRACIA NO BRASIL

cdg

KOTTER EDITORIAL

ROGERIO DULTRA

AGONIA E VERTIGEM

O SEQUESTRO DA DEMOCRACIA NO BRASIL

cdg
KOTTER EDITORIAL

Coordenação editorial Sálvio Nienkötter
Editor executivo João Lucas Dusi
Editor-adjunto Daniel Osiecki / Claudecir Rocha
Capa Jussara Salazar
Projeto gráfico Caroline Costa e Silva
Produção Cristiane Nienkötter

Dados Internacionais de Catalogação na Publicação (CIP) Angélica Ilacqua CRB-8/7057

Dultra, Rogerio
Agonia e vertigem : o sequestro da democracia no Brasil / Rogerio Dultra. Curitiba: Kotter Editorial, 2022.
228 p.

ISBN 978-65-5361-139-9

1. Brasil - Política e governo. 2. Ciência e política I. Título

22-4876 CDD 320.981

Kotter Editorial
Rua das Cerejeiras, 194
82700-510 | Curitiba/PR
+55 41 3585-5161 www.kotter.com.br |
contato@kotter.com.br

1ª edição 2022

Sou feliz, por um triz
Por um triz sou feliz
Mal escapo à fome
Mal escapo aos tiros
Mal escapo aos homens
Mal escapo ao vírus, yeah
Passam raspando
Tirando até meu verniz
Passam raspando
Tirando até meu verniz
O fato é que eu me viro mais que picolé
Em boca de banguelo
Por pouco, mas eu sempre tiro o dedo – é
Na hora da porrada do martelo
E sempre fica tudo azul, mesmo depois
Do medo me deixar verde-amarelo
Liga-se a luz do abajur lilás, nah
Mesmo que por um fio de cabelo, ih
Sou feliz, por um triz
Por um triz sou feliz

Feliz por um triz
Gilberto Gil

AGRADECIMENTOS

Este livro foi possível graças aos esforços de organização derivados das atividades do Centro de Estudos sobre Desigualdades Globais da Universidade Federal Fluminense. O Centro UFF, inaugurado recentemente, desponta como um *think tank* progressista, orientado pelos influxos intelectuais da história social marxiana – e por um de seus grandes mestres, Ferdinand Braudel – e na conjunção interdisciplinar e de pesquisa dos vários professores ligados às suas atividades. Aproveito, portanto, para agradecer a todos os colegas do Centro UFF, bem como ao estímulo do professor e amigo Wilson Ramos Filho, o Xixo, do Instituto de Defesa da Classe Trabalhadora, e ao Sálvio Nienkötter, coordenador editorial da Kotter, pela acolhida. Agradeço também a alguns amigos e jornalistas que me incentivaram a escrever e publicar originalmente os artigos aqui apresentados em seus blogs. Escritos, diga-se, construídos em constante diálogo com essa mesma blogosfera. Em especial, sou grato ao Miguel do Rosário, do site *o'Cafezinho*, hoje também editor da *Revista Fórum*; ao Paulo Henrique Amorim, *in memoriam*, editor do site *Conversa Afiada*; ao Mauro Abdon, do site *Terapia Política*; e à Cíntia Alves, do site *Jornal GGN*. A maioria dos ensaios foi publicada ou republicada nestes sites e em diversos outros, desde 2014 até este ano de 2022. Ao final de cada texto, segue a data de sua divulgação original. Alguns poucos tiveram seu título alterado, para trazer mais clareza em relação aos objetos de análise e em alguns foi inserida uma referência temporal mais precisa quando a redação assim o exigia. Cada artigo foi colocado em ordem cronológica.

Reflexões mais sistemáticas – algumas derivadas, inclusive, do que aqui é apresentado –, me levaram a escrever o livro *Teoria Constitucional, ditadura e fascismo no Brasil* (Tirant lo Blanch, 2021). Lá, alguns desses temas foram devida e analiticamente aprofundados.

PREFÁCIO

Por meio de crônicas e ensaios, *Agonia e vertigem: o sequestro da democracia no Brasil* examina a complexa teia de relações e de interesses que define os últimos anos como tempos agônicos, em especial a partir do golpe de Estado de 2016. O livro reflete sobre os processos de criminalização da política e degradação do aparato judicial, em sua ânsia persecutória e enviesada – movimentos que colocaram o país numa vertigem radicalizada pela presença do fascismo.

Nesse tempo, angústia e ansiedade deixaram de ser percebidas como emoções eventuais para se tornarem sentimentos cada vez mais comuns. Tanto mais quando percebemos que o espaço político foi dominado por uma frutífera gramática da violência. Conceitos como pátria, liberdade, democracia e direito receberam conteúdos estranhos, muitos deles pertencentes a momentos idos, quando a lógica da brutalidade e da boçalidade grassava. Passaram a integrar, como na ditadura empresarial-militar de 1964, palavras de ordem contra o pluralismo e as diferenças e se reafirmaram como concorrentes da cultura e da civilização.

Os artigos aqui reunidos, originalmente escritos para a blogosfera progressista – entre 2013 e 2022 –, testemunham e às vezes se surpreendem com a degradação das instituições políticas. Buscam analisar fatos e personagens no momento histórico, denunciam o processo de fascistização do país e mesmo antecipam o papel político da Operação Lava Jato e de seus integrantes, avaliando as encruzilhadas de nossa história recente.

A provocação central desses textos é a de se perguntar se terminaremos este período de fato a testemunhar o sequestro de nossa democracia. Colocar esta questão é, paradoxalmente, afirmar um compromisso com sua recuperação, no que a democracia tem de procedimento, de garantia, de inclusão e reconhecimento do outro.

Os assuntos debatidos aqui foram organizados em duas grandes seções. Na primeira parte, se escrutinam os fatos, elementos, atores e cenários que permitiram a escalada do fascismo. Nela, se examinam desde a queda da presidenta Dilma Rousseff, pelo golpe espúrio articulado entre *mass media*, parlamento e partes do Judiciário; o processo de catarse em direção à violência e à intolerância sofrido por setores médios da sociedade; até a afirmação de Bolsonaro como figura escolhida a ocupar o dúbio papel de fantoche e algoz da ordem constitucional. É o momento em que a análise da conjuntura política mais estrita se faz presente a fim de explicitar o rapto de nossa democracia.

Na segunda parte, os textos analisam o papel do Judiciário como ator político interessado e proativo nos rumos da soberania popular e da tentativa de sua captura pela hoje famigerada e declaradamente inconstitucional "Operação Lava Jato". Nesta seção, que aponta a corrupção do sistema de justiça sob o véu de uma moralidade interessada, os temas político e jurídico se misturam, complementando-se.

Esta última parte foi igualmente pensada como um conjunto de análises conjunturais, e deve ser lida como um testemunho ocular dos acontecimentos, semana a semana, ano a ano – da eclosão da Lava Jato até a sua desmoralização pública, com o consequente descolamento político do STF do salvacionismo provinciano da "República do Paraná", numa espiral que resultou, de fato, na fragilização dos mecanismos de defesa de nossa ordem política. Intitulada *Agonia e vertigem*, reflete as consequências da imbricação corrompida entre direito e política.

É sempre importante frisar que um texto de conjuntura é como uma precária fotografia do momento. Revela de forma estática um tempo que, de outra forma, correria sem pedir licença. Acontece que existe algo de consistente na conjuntura. Ela é o resultado da relação entre o que somos capazes de apreender do passado, por um lado, e de como remanejamos e projetamos o que sabemos para um futuro ainda aberto.

Assim, a conjuntura se realiza como história em potência. Compreender e avaliar o momento nos permite não só agir no presente, como exercitar a arte política da antecipação e da proposição. Uma adequada análise conjuntural pode ser capaz não só de aclarar o emaranhado de fatos presentes, mas nos concede a previsão, com uma boa dose de certeza, de sinais naquele tempo apenas levemente manifestos. Exatamente por isso, ela também nos apresenta os instrumentos para a transformação do que virá. A antecipação é a arte da política, porque nos permite escolher com mais segurança os caminhos da ação concreta, tendo em vista os resultados desejados.

Em resumo, os interesses, as vontades e as razões que movem a história do tempo presente geralmente são pouco claras para seus protagonistas, geralmente acorrentados à *superestrutura de sentimentos*, outro nome dado por Marx à ideologia. O fato é que, ao se olhar para trás, para o passado avaliado e escrutinado, é possível concluir se o trabalho não só foi devidamente realizado, mas se também se bastou, isto é, se o esforço serviu à luta pela radicalização da democracia e da igualdade social e se pode continuar a servir, como documento e como instrumento de mobilização política.

E é exatamente este o sentido de se apresentar aos leitores um trabalho desse gênero. Ele fala do nosso passado recente e das possibilidades de futuro que temos adiante. Caminhos que permanecerão em aberto à medida que saibamos explorar as chaves que o passado nos entrega. Afinal, parafraseando o velho Karl mais uma vez, é preciso que enterremos nossos mortos – que nos libertemos criticamente de nosso passado – para colhermos a nossa poesia, que vem do futuro que a revolução social sabe poder construir.

Niterói, 23 de agosto de 2022

SUMÁRIO

Parte 2: Agonia e vertigem

PARTE 1

O SEQUESTRO DA DEMOCRACIA

POR QUE XINGARAM A DILMA?

A vaia que o presidente Getúlio Vargas recebeu no Jóquei Clube de São Paulo em agosto de 1954 foi apenas o sintoma de um descontentamento. Naquele mês, Vargas entrava no seu inferno astral. O seu ex-ministro do Trabalho, João Goulart, havia se demitido após elevar em 100% o salário-mínimo numa estratégia combinada. O atentado da Rua Tonelero contra o jornalista Carlos Lacerda iria desencadear uma espiral golpista que somente seria refreada com o corpo do presidente, sacrificado em benefício de seu projeto nacionalista e social. O Estado de São Paulo – a "locomotiva" do Brasil, como se considerava – há mais de um ano alijado do processo decisório central, perdia a hegemonia que mantivera na Primeira República pela política do café-com-leite. O descontentamento era, assim, regional e de classe. São Paulo representava, em agosto de 1954, não somente o núcleo da ofensiva contra o governo Vargas, mas a sua classe dominante sentia-se fortemente ameaçada pelo processo de regulação da atividade produtiva, expresso pelo controle da inflação e pelos direitos sociais e trabalhistas.

Vargas, diante das vaias, se fez de desentendido.

Em 2014, o cenário aparenta semelhança. No final de seu primeiro mandato, respaldada por doze anos dos governos do PT, a presidenta Dilma Rousseff inaugura a maior e uma das mais festejadas Copas do Mundo de Futebol. Os ataques ao seu governo se intensificaram. Um ódio virulento ao PT tem sido estimulado pelos veículos da grande imprensa e está disseminado nas redes sociais, embora não tenha acontecido nenhum evento parecido com o atentado da Tonelero, que pôs a termo o governo Vargas. A presidenta reagiu positivamente aos protestos de junho de 2013 – em especial, com a proposta de plebiscito e de reforma política – e seus opositores, apesar do ódio, caem de maduros mesmo, sem maiores surpresas.

Assim, num dos estádios (re)construídos por conta da Copa, e em São Paulo – que mais uma vez é o reduto da oposição –, as vaias de outrora se transformam hoje em xingamento de baixo calão. A qualidade do público é facilmente identificada: a dita "elite", seja por nome próprio, filiação empresarial ou preço do ingresso. E por que quem já é favorecido pela *lex mercatoria* ou mesmo quem tira vantagem da volatilidade especulativa, parece não ter o que comemorar? Não seriam estes os mais recentes privilegiados pelo governo? Talvez o problema seja mais embaixo.

Disputam hoje o acesso a bens e direitos classes sociais cujas origens são bastante distintas. Uns são filhos e netos de um extrato médio mais "tradicional", desde sempre almejando mais *status*. Na história recente do país, foi dali que veio o apoio ao golpe em 1964, por exemplo. Ciosos de suas origens e desejosos de sucesso, não suportam compartilhar o bônus com seus novos companheiros de faixa. Estes, a "nova" classe média, emergiram em um surpreendente pouco tempo de políticas de crédito e pleno emprego e "invadiram" um espaço antes considerado "exclusivo". Querem mais do que já possuem e não têm medo de usar o que têm. E isto choca os filhos da tradição.

O xingamento localizado na área *vip* não é somente contra a presidenta. Também não é contra a Copa do Mundo (todos estavam na estreia da Copa para torcer, imagina-se). É um xingamento que destila uma questão mais profunda: talvez porque este governo represente uma movimentação sensível no cotidiano e na vida social dos que sempre se sentiram de alguma forma privilegiados, embora talvez não sejam tão *vips* assim. Antes, estes olhavam para cima, para as verdadeiras elites econômicas, e se compreendiam parte – se não de fato, pelo menos simbolicamente, e se viam como uma incontrastável nata. Agora, olhando para baixo, não notam mais a diferença, a distância e o estranhamento de cor e de *status*. Veem iguais, cada vez buscando mais igualdade. Veem os alunos cotistas nas universidades públicas fazendo bonito. Veem os negros médicos cubanos dando o exemplo. Veem os subalternos vestindo-se com as mesmas roupas e frequentando aeroportos. Reduziram-se os "privilégios" simbólicos que marcavam uma "diferença" de classe. Confundem-se a "locomotiva" e seus vagões. Talvez, por isto, xinguem e não apenas vaiem.

A presidenta Dilma recebeu os impropérios soberana.

Diferentemente de Vargas, já acossado pela UDN – e pelos interesses golpistas, que vinham também dos EUA –, não precisou tergiversar ou fazer de conta que não era com ela. A aprovação de seu governo é altíssima e as intenções de voto lhe favorecem largamente. O "povo" parece estar com ela e, numa democracia, o povo decide. A estratégia "mar de lama", que colou em Vargas, não alcança a presidenta. Depois de xingada, pôde responder serenamente, deixando claro que não tem por que temer ou se perturbar com o episódio. Pôde, inclusive, comemorar de forma efusiva os gols da Seleção. Passadas as eleições, talvez possamos celebrar – por ora – o fim dos golpes à democracia brasileira.

O xingamento do Itaquerão entra para a história política do país como uma espécie de parábola da humildade. Os convidados, ao invés de se sentarem em seus lugares e se sentirem como iguais numa torcida de futebol, agiram de acordo com o privilégio que os permitiu acesso à abertura da Copa: numa autoglorificação arrogante e cheia de razão, assumiram seus assentos de protagonistas e moralizadores. O resultado é que estão sendo chamados a se retirar de forma envergonhada, porque ali não mereciam estar. Demonstraram ser muito mais baixos do que aqueles que, no fundo, queriam desprezar com o destilar de seu ódio. E mais: o fracasso do "não vai ter Copa" comprova-se à larga não só pelo acontecimento em si, mas pelo novo brado da oposição: "Não vai ter Olimpíadas". Seria triste se não fosse cômico. Como consequência, é esta oposição que se encontra, agora, em seu inferno astral.

(18/06/2014)

OS SENTIDOS DA "NOVA POLÍTICA" DE MARINA SILVA

Em termos pragmáticos, a "nova política" pregada pela candidata à presidência pelo PSB tem sido demolida desde a sua "apresentação" nas últimas semanas de setembro de 2014, embora a sua consistência já seja de conhecimento público há tempos. Financiada pela Natura e pelo Banco Itaú, orientada pelo mercado financeiro em suas propostas macroeconômicas e aberta às negociações e coalizões eleitorais, Marina Silva não traz nenhuma novidade. Pelo menos não é nova a estratégia para os que acompanharam a sua trajetória de saída do PT para uma candidatura à presidência no PV, em 2009. Ela, inclusive, não pulou do barco por problemas éticos, ou pela "nova política", mas por já saber que a candidata preferencial de Lula era a Dilma. Mas a dita "nova política" quer significar, na ideação apresentada pela candidata, uma coisa completamente diferente. É sobre os significados "profundos" ou "ocultos" atribuídos à concepção de política cunhada por Marina Silva que é dedicado este texto.

Marina Silva entende que, na sua essência, a "nova política" a coloca acima do plano político e dos conflitos a ele inerentes. Entretanto, apesar de pertencer a outro nível político, ela é capaz de assumir um papel de protagonismo e de direção no mundo comezinho do jogo do poder. A primeira dificuldade de entender a "nova política" idealizada por Marina Silva é que ela não irá operar uma mediação entre interesses opostos e inconciliáveis – meio ambiente e agronegócio, por exemplo –, cujo resultado seria uma síntese dialética. Ela não quer representar uma fusão destas oposições, pois, assim fazendo, ela estaria reproduzindo a "velha política" do toma lá dá cá.

Na entrevista ao Jornal Nacional, no começo de setembro, questionada sobre a origem do jatinho da campanha, Marina Silva disse que a "nova política" significa a verdade, e que a verdade não vem "pelas mãos do partido" nem pela investigação da imprensa, mas "ela terá que ser aferida pela investigação que está sendo feita pela Polícia Federal". Ou seja, a verdade surge da ação competente, pelas mãos do aparelho de Estado que ela pretende governar. Em outro momento, o entrevistador pergunta se a chapa Marina Silva e Beto Albuquerque – ligado a fabricantes de armas e de bebidas – não representaria a "união dos opostos tão comum à velha política, apenas para viabilizar uma chapa, apenas para viabilizar uma eleição". A resposta de Marina Silva, como a sua explanação sobre a "nova política" durante o debate dos candidatos na Band, é a de quem paira acima dos partidos, das velhas "polarizações": "A nova política sabe trabalhar na diversidade e na diferença".

Ao marcar a sua distância das polarizações e o seu papel diretivo na ordenação dos diferentes, Marina Silva quer representar uma espécie de dínamo agregador, capaz de abarcar todas as oposições do mundo material, mas sem desfazê-las. Ela quer coordená-las a partir de uma situação de supremacia formal/institucional, garantida pela escolha de sua pessoa como representante da "nova política". Como líder política, acima dos partidos ou independentemente destes, a atual candidata se compreende portadora de uma vontade de decisão racional, e mesmo jurídica, apta a conformar a realidade.

Pode-se argumentar que o próprio PT, em 2002, utilizou-se da retórica do novo, como Marina Silva está fazendo. Lula também chamou a sua presença de novidade na política. Mas a sua plataforma e o seu discurso eram claramente antitéticos ao projeto de Serra e do PSDB. A clivagem era sólida e a polarização representava a demarcação entre duas realidades mensuráveis racionalmente. Assim, conclui-se que, na "velha política", a realidade é racional. Ela pode ser totalmente transformada, sintetizada e alterada pelas mediações políticas, pela dialética da composição, sempre dentro da lógica da racionalidade.

Não é este o modelo político de Marina Silva. O caráter universal da "nova política" se diferencia da noção de totalidade racional, visto que nele a realidade disforme é preservada em suas oposições e inconsistências materiais, embora seja orientada por uma decisão racional da vontade de quem ordena. Assim, a razão não está no mundo, mas na ordem produzida pela "nova política".

Veja-se o caso da matriz energética brasileira. Para Marina Silva, que entende atuar para as futuras gerações, preservar o meio ambiente é a verdade da "nova política". Como consequência, a exploração do petróleo na camada do pré-sal deve ser revista. Seus resultados, considerados conjunturais: "Temos que sair da idade do petróleo. Não é porque falte petróleo. É porque encontraremos e já estamos encontrando outras fontes de suprimento de energia". No seu sistema "multimodal", os investimentos na energia solar, eólica e no etanol devem ser priorizados, sem abandonar de todo o que ainda é "um mal necessário".

A lógica aqui não é beneficiar os interesses geopolíticos norte-americanos, temerosos do crescimento estratégico do Brasil a partir da independência energética que o pré-sal prenuncia. Este seria um raciocínio apequenado, opaco, característico da "velha política". Deriva não da essencialidade da representação verdadeira, mas das conveniências das delegações partidárias, parciais e geralmente corruptas. O que garante a ordem balanceada do universo, em convergência com o futuro da vida ecológica, é a verdade da representação. Assim, segundo a "nova políti-ca", a irracionalidade das oposições do mundo é gerida pela racionalidade assentada em quem representa. Os representados – e seus anseios por um mundo melhor, mais sadio e mais puro, que não são necessariamente com-partilhados conscientemente – dependem da representação para existirem. Trocando em miúdos: na "nova política", o real é irracional. A racionali-dade é portada apenas pela representante, e somente se materializa no ato de suas decisões, ordenando e dando forma ao mundo.

Pairando acima da impotência cega da "velha política" e portando a vontade de decisão que falta ao país para "mudar a realidade de política brasileira" e para que este alcance o futuro, Marina Silva quer "governar com os melhores". O recado no debate dos presidenciáveis não poderia ser mais direto. A sociedade brasileira, por via da "nova política" que Marina Silva representará e que se mobilizou em junho de 2013, vai, enfim, poder "escalar uma nova seleção" de homens bons de todos os partidos. Para isto, basta eleger a candidata. Sacramentada e sacralizada pelas urnas, a "nova política" não falhará. Todas as suas decisões serão portadoras da verdade e da unidade concretas derivadas da representação.

Quais são os problemas da "nova política" da candidata Marina Silva? O primeiro é que esta "nova política" é uma velha conhecida dos reacionários alemães. Está detalhadamente exposta na obra do jurista e politólogo alemão Carl Schmitt. As teses de Schmitt serviram, por exemplo, para fundamentar o regime nazista. Não se trata de dizer que a "nova política" flerta com o nazismo, mas que a estrutura da representação idealizada pelo discurso de Marina Silva é muito próxima das teses de Schmitt. E a representação política, nos termos estabelecidos por Schmitt – e explicitados acima, sob o pseudônimo de "nova política" –, permite casar as ideias de democracia e ditadura. A infalibilidade da representação política schmittiana é a infalibilidade do Papa, representante de Cristo.

O segundo problema é que a "nova política" de Marina Silva flerta abertamente com a crítica aos partidos, a "velha política" das agremiações tradicionais, que se expressam no parlamento. O seu programa de governo defende, por exemplo, candidaturas sem partido. Este flerte é preocupante, visto que a implicação política da crítica aos partidos é a tese do partido único, em conjunto com a tese da desnecessidade do parlamento, o que também tem como consequência um modelo de Estado ditatorial.

O terceiro problema é que a "nova política" é a expressão de teses elitistas. E o elitismo, no plano político, é gêmeo univitelino do fascismo. Nesse sentido, as críticas ao discurso vago e ambíguo de Marina Silva, se aliadas ao seu desejo de escolher os melhores por meio de critérios também vagos e obscuros, têm como consequência o predomínio da autoridade de quem comanda, o que origina um governo fascista.

O quarto problema é o claro messianismo disso tudo. Marina Silva, com o discurso da "nova política", se coloca na posição de guia do futuro, de modeladora da realidade e de líder cujo destino de liderança foi atribuído à providência. Aliado às suas crenças religiosas, o messianismo de Marina Silva será suficiente para que ela desconheça os limites do sistema constitucional, se este ficar no caminho do futuro. Como demiurga da or-dem, a ela Marina Silva não se submete.

O quinto problema é que esta ideação de uma relação representativa calcada numa identidade substancial entre representante e representados não encontra respaldo na realidade. Marina Silva não foi capaz de produzir esta galvanização entre a "nova política" e os anseios de uma sociedade plural e complexa. Portanto, não há substrato material para justificar a construção de uma ordem orientada por valores não definidos e assentados numa relação de representação fluida.

O sexto e último problema levantado aqui é que subjaz, silente no discurso, a questão de que há interesses específicos e muitíssimo racionais financiando a candidata. Estes interesses não representam o futuro verde, nem a preservação do meio-ambiente, e também não representam o Brasil, visto que falam em nome de investidores e empresas multinacionais. Num mundo real, como garantir o futuro verde com o financiamento dos que o exploram selvagemente?

Se ganhar as eleições, Marina Silva não representará somente um problema de ordem econômica e financeira, nem mesmo deixará como legado o desmonte do Estado. O pior que pode acontecer é que a sua "nova política" signifique a destruição da democracia brasileira que, com tanta luta e com tanto sangue, o povo conquistou.

(04/09/2014)

O TEXTO E O TETO DO GOLPE JUDICIAL À BRASILEIRA

O processo penal brasileiro funciona de forma sistemática como um instrumento de criminalização das classes populares. Subordinadas ou mesmo apartadas do processo produtivo, estas colaboram para o andamento do sistema capitalista como objetos passivos da engrenagem econômica do aparato repressivo do Estado.

Esta forte afirmação se corrobora pelo fato – largamente comprovado por dezenas de pesquisas empíricas e estatísticas – de que os parâmetros normativos, os limites da legislação processual e penal para o arbítrio, não funcionam na prática cotidiana do sistema penal. As polícias prendem sem motivo, os Ministérios Públicos acusam sem fundamento e os juízes brasileiros mantém presos e condenam cidadãos sem provas e sem que sua responsabilidade criminal seja atestada no processo.

Esta é a situação usual de um sistema que caminha a largos passos para se assentar majoritariamente nas prisões cautelares. Ou seja, o sistema penal brasileiro – o quarto maior do mundo em população carcerária –, tende a abdicar de sentenças conclusivas na determinação das prisões. Já funciona como uma burocracia de encarceramento regular e automático dos indivíduos alcançados pelos aparelhos policiais.

Sempre se disse, por outro lado, que os direitos processuais e penais somente seriam respeitados em relação aos sujeitos socialmente capazes de produzir uma assistência jurídica adequada. Por ser um instrumento de classe, o processo penal não somente volta a sua carga para a criminalização da pobreza, como garante instrumentos para a defesa e o livramento das demais classes sociais.

Registre-se que a existência de Defensoria Públicas, além de precária no país, não garante uma boa defesa processual, visto que também burocratizadas, adequam-se perfeitamente à cultura incriminadora dos procedimentos judiciais. O status dos defensores na dinâmica judicial é, na prática, subalterno e limitado pelos demais agentes do sistema.

Este funcionamento prático do processo brasileiro, que viola direitos e criminaliza extratos específicos da população independentemente das balizas normativas, se dá praticamente sem alterações substantivas desde a reforma de 1941, sob a influência de uma dogmática processual autoritária e – por que não lembrar – protofascista.

Esta situação sofreu inúmeros influxos legislativos, no sentido de sua reforma, de sua afirmação, de sofisticação e/ou de absorção de institutos característicos de outras tradições jurídicas. Nenhum destes movimentos alcançou um resultado que transformasse substancialmente as características essencialmente classistas e seletivas do sistema. Assim, uma mudança de rumo em direção à tradição anglo-saxã do processo, como a observada desde meados dos anos 1990, embora importante, não modifica sua essência.

Pode-se afirmar, entretanto, que leis esparsas, como a de crimes hediondos, a dos juizados especiais criminais, a de crime organizado, a de crimes contra a ordem tributária e econômica, a lei de lavagem de capitais e a lei de drogas trouxeram um deslocamento na dinâmica do processo: a disponibilidade para que o Ministério Público e o Juízo negociem a culpa, conduzam depoimentos para a obtenção de provas e barganhem a atribuição de penas.

Este é um movimento claro em direção à relativização de direitos e à "privatização" dos procedimentos e decisões judiciais. Na prática, flexibilizam o processo na direção da eficiência gerencial e na configuração do andamento das causas penais tendo em vista a contabilidade dos resultados.

Não poderia ser diferente, em especial se se leva em conta a influência política do Estado de São Paulo. Ali consolidou-se historicamente – desde o início dos anos 1990 – a privatização do sistema carcerário, que redunda na necessidade econômica de prisões em massa e de uma legislação porosa o bastante para a condução administrativa e técnica/política de um modelo gerencial de juízo criminal.

O juiz, esta figura complexa que transparece racionalidade imparcial e se submete sem constrangimento à necessidade de atender a "opinião pública", transforma-se em um gerente. Gerente de expectativas sociais e do andamento do processo, para além dos constrangimentos e limites que as normas jurídicas possam estabelecer.

Escancara-se com isto o caráter decisionista do direito, isto é, o fato incontornável de que as razões políticas e econômicas do processo orientam a sua gestão. O juiz é, assim, um agente sobredeterminado por questões outras que não as estritamente jurídicas quando decide sobre o caso penal.

A barganha, a transação, a negociação, o blefe são os novos instrumentos que o processo penal brasileiro passou a oferecer para que se alcance os objetivos sociais de criminalização da pobreza.

Esta nova situação técnica, que se consolida no país há pelo menos 20 anos, encontrou um novo objeto de intervenção: a criminalização da política.

Embora se possa afirmar que existam diferenças entre o processo de criminalização da pobreza e o da criminalização da política, o fato é que o mesmo instrumento está funcionando, nos dias de "Operação Lava Jato", sob princípios idênticos.

Para o blogueiro Miguel do Rosário, do site *o'Cafezinho*, este deslocamento de objeto do processo penal instala um novo modelo de controle das democracias de apelo popular na América Latina. E é um modelo diferenciado por coordenar instrumentos de *mass media* com a participação voluntária de setores politicamente autônomos, como parcelas do Poder Judiciário e da Polícia Federal.

Miguel do Rosário nomeia o modelo de "paradoxo do republicanismo penal".[1] Segundo o autor, "Um governo dá autonomia para as instituições repressivas investigarem a fundo o próprio governo. Não interfere, não intervém, não promove sequer um debate para participar da narrativa política que se cria, necessariamente, em torno das investigações. O paradoxo é este: quanto mais o governo não intervém, mais as instituições repressivas ampliam o seu arco de investigações contra o governo, sem conhecer limites. E não há limites, se você pensar bem, porque um governo, como instituição política, cujo poder emana de processos eleitorais extremamente complexos, está impregnado de todos os tipos de interesses, legais e ilegais. // Justamente por ser uma instituição política, todo o governo é corrupto. Por isso, é tão importante um combate permanente contra a corrupção dentro do governo. E por isso é mais importante ainda que esse combate não seja corrompido ou manipulado por interesses obscuros, ligados aos setores derrotados nas urnas. // O paradoxo do republicanismo penal, portanto, levará, necessariamente, ao seguinte dilema: quanto mais ético for o governo, quanto menos ele interferir nos processos de investigação, mais ele será pintado como corrupto, porque as autoridades repressivas ganharão notoriedade política e, conforme suas devassas sangram o próprio governo, maior a repercussão dos escândalos junto à sociedade."

A relação entre opinião pública forjada por meios de comunicação de massa e órgãos judiciais com o fito de destruir a oposição política não é novidade na história. Assim fizeram os nazistas na Alemanha, conforme relata a pesquisa do sociólogo alemão Otto Kirchheimer, *Justiça Política* (1966).

A novidade[2] é que uma direita antidemocrática, insubordinada aos

1 ROSÁRIO, Miguel do. *O Paradoxo do republicanismo penal.* Disponível em: https://www.ocafezinho.com/2015/08/09/o-pt-e-o-paradoxo-do-republicanismo-penal/. Acesso em: 09 ago 2015.

2 Como analisaremos em pormenor mais à frente, na segunda parte do livro.

mecanismos de escrutínio da vontade popular, se locupleta de uma afinidade de classe com o judiciário e passa a utilizá-lo como instrumento de guerra contra seus inimigos políticos que estão no poder. Assim, órgãos do Estado combatem, sem maiores amarras, o governo posto.

No caso brasileiro, os setores mais reacionários e mais histriônicos à direita representam interesses de alhures. Querem subordinar a exploração da bacia do pré-sal às multinacionais, querem restringir a autonomia brasileira na produção de petróleo e derivados, querem controlar o processo de legitimação política do poder à canetada. Pretendem alcançar os seus objetivos não pelos instrumentos sangrentos da ditadura, mas pela via light do golpe judicial.

Como o estado é maior do que os órgãos que o compõem, imagina-se que exista um teto, um limite para este movimento sedicioso. Hoje, dia em que se comemora a fundação das faculdades de direito no país, dia do advogado, a senha da direita jurídica decadente de São Paulo não foi mais o argumento "institucional" e "constitucional" do impeachment, mas o "pedido" para que a Presidenta da República renuncie. É patético. Mas também indica que a força golpista está derretendo dia a dia.

O movimento do golpe judicial tem um texto e tem um teto. O limite do golpe judicial será produzido pelas próprias inconsistências de sua narrativa. Resta saber se este limite que, em última instância, é o limite da mentira, será devidamente exposto, devidamente esquadrinhado, definitivamente confrontado com as forças democráticas que ainda lutam pela república. Neste momento, geralmente o feitiço se volta contra o feiticeiro.

(11/08/2015)

A DERROTA DE AÉCIO EM 2014 E O RENASCIMENTO DO FASCISMO NO BRASIL*

[Originalmente, o título desse artigo era "Estrutura e prática do 'coxismo' no Brasil". Soa meio estranho, mas os "coxinhas" fizeram parte do momento da primeira ruptura institucional mais recente, a contestação das Eleições de 2014 pelo então candidato derrotado Aécio Neves. Esse movimento das classes médias em torno do PSDB pode ser analisado como o percursor do bolsonarismo. A seguir, traço semelhanças e diferenças entre os coxinhas e o fascismo, lançando luzes sobre o desenvolvimento do fenômeno.]

Este texto objetiva examinar o que é, como vive, como se reproduz e quais os antídotos para enfrentar o "coxismo" no Brasil. Após as manifestações contra o governo Dilma e contra a corrupção do PT, depois de que ameaças violentas transformaram-se em reações físicas contra militantes de partidos da coalizão governista e de movimentos sociais, o fenômeno tomou uma dimensão política e social sensível. A ponto de que, em seguida, lideranças políticas como o candidato derrotado à Presidência da República Aécio Neves resolveram aderir, estimulando, inclusive, o golpe, o impeachment, a criminalização de lideranças de esquerda e a judicialização seletiva de investigações sobre corrupção. Apesar de contar com objetivos bem determinados, a organização, as características gerais e a dimensão do coxismo têm desafiado os analistas.

Muitos, a partir de reflexões qualificadas que permitiriam a devida reação ou mesmo no afã das classificações tranquilizadoras, têm denominado os movimentos pró-golpe, pró-impeachment, pró-renúncia da presidenta (?), pró-volta da Ditadura Militar (??) e pró-intervenção das Forças Armadas (???) como fascismo.

Na tentativa de compreender as especificidades do fenômeno, é possível considerar "coxismo" uma denominação adequada ao movimento que tem encontrado amplificação significativa, porém artificial, através de financiamento internacional e de sua exposição reiterada na grande mídia. O coxismo, como se verá, está longe de ser um movimento social da envergadura dos fascismos ocidentais do século passado. Compreender as suas limitações é o primeiro passo para o seu combate.

O coxismo é, assim – numa primeira e obviamente parcial e precária tentativa de conceituação –, uma generalização da corrupleta "coxinha", atribuída aos militantes ocasionais das várias cepas da direita brasileira, representadas nas ruas pelas classes médias. Estas, por sua vez, podem ser compreendidas como uma pequena-burguesia com necessidade de identificação social e econômica com os verdadeiros detentores do capital. Desejam, desesperadamente, uma distinção de status das classes médias emergentes que têm, inclusive e de forma paradoxal, demonstrado simpatia pelo coxismo.

Acabei de descobrir que o termo coxismo já foi utilizado numa paródia do Wikipédia, a Desciclopédia. O presente texto foi escrito sem tomar conhecimento do conteúdo deste "verbete".

Mas, voltando ao ponto, por que o coxismo não seria uma simples manifestação do fascismo? São claros os elementos que podem confundir os dois fenômenos e torna-se mesmo relevante, ao falar das discrepâncias estruturais entre fascismo e coxismo, identificar suas proximidades mais óbvias.

O coxismo é antidemocrático e antipopular

O coxismo, como o fascismo, é um movimento antes de tudo reacionário. Ele reage à modernidade política, isto é, ao processo de igualdade jurídica inaugurado pelas revoluções capitalistas. Portanto, o coxismo é, antes de tudo, antidemocrático.

Ele não reconhece a forma constitucional como mecanismo de organização da vida social e propugna pela liderança iluminada de um guia, na tentativa de restabelecer uma hierarquia social e eventualmente racial que subjugue as classes operárias.

O coxismo brasileiro nasce e se desenvolve, portanto, contra o processo de igualização das condições sociais e contra o predomínio democrático dos representantes políticos das classes subalternas no poder.

Como o fascismo, o coxismo não reconhece o devido processo legal, e ignora a Constituição como orientadora das disputas políticas. Rechaça o processo eleitoral como instrumento de medição da vontade popular, da qual se arvora legítimo portador e intérprete.

Para ambos os movimentos, o parlamento representa o marco da corrupção e deveria até ser extinto.

Um primeiro elemento de diferenciação é que o coxismo deseja, no fundo, o retorno de uma hierarquia social que normalize a relação Casa Grande & Senzala. A sua vinculação com o capitalismo financeiro se otimiza, por exemplo, na radicalização da terceirização do trabalho, na eliminação dos direitos sociais e na consequente escravidão contemporânea para os trabalhadores. O fascismo caminharia, em tese, no sentido contrário, isto é, no de identificar nos trabalhadores o público-alvo para cooptação e ampliação do movimento. Voltarei a este ponto a seguir.

De qualquer forma, a partir destes elementos políticos e sociais, é possível perceber – tanto no fascismo como no coxismo brasileiro – que ambos flertam com uma forma de resolução política estabelecida pela violência contra as classes populares e que se consuma na ditadura. O coxismo é, assim, além de antidemocrático, profundamente antipopular.

O coxismo é um movimento pendular entre ignorância e má-fé

Outro elemento importante que permite confundir fascismo com coxismo é a forte presença da ignorância sobre fatos políticos, aliada ao fundamentalismo e à má consciência ou má-fé.

Tanto fascistas quanto coxinhas não conhecem as histórias de seus países, eram alienados políticos até a eclosão dos respectivos movimentos e passam a reproduzir preconceitos e palavras de ordem destituídas de fundamentação, acreditando piamente que o seu movimento purificará e libertará o país da podridão e da corrupção da "velha política".

O mesmo não acontece com as lideranças que tentam se aproximar e cooptar o movimento. Estas têm o pragmatismo político e a consciência plena de que as reivindicações e desejos da multidão ignorante são pretextos convenientes para os seus intentos de domínio político.

Assim, a crítica ao comunismo, a ocultação da própria corrupção e a escolha de um bode expiatório na forma de um indivíduo, grupo partidário, religião, raça ou classe social são elementos que denunciam a má-fé daqueles que intentam conduzir o movimento.

Na eclosão do coxismo brasileiro, em especial nos eventos políticos ocorridos desde 2013, nomes de políticos(as) conhecidos(as) vêm à mente de imediato com esta descrição. Diferentemente do fascismo, entretanto, o coxismo não conseguiu identificar uma liderança que unifique as forças políticas descontentes. Este é outro ponto desenvolvido a seguir.

O coxismo se alimenta do caos político e econômico

Assim como o fascismo, o coxismo tenta transformar a ordem institucional existente no caos.

Nos dois casos, as normas jurídicas, os direitos individuais e o funcionamento das instituições atrapalham o desenvolvimento do movimento. O fascismo, tanto na Itália, quanto na Alemanha, levou seus países ao caos.

O coxismo brasileiro, ao não se importar com a operacionalidade da ordem econômica e financeira, com o funcionamento das indústrias e com a regularidade institucional, também parece apontar para a guerra civil e para o caos como horizonte de sentido de suas ações.

No caos, o oportunismo dos medíocres e dos homens de má-fé, também conhecidos como homens de bem, poderá emergir.

Um homem de bem – Fernando Henrique Cardoso –, escreveu artigo no Estadão no feriado de finados de 2015, exortando a necessidade de reformar a legislação de partilha do pré-sal, por exemplo.

Oportunismo semelhante, fervorosamente desejado pelo coxismo, é o das multinacionais que, na mesma direção de FHC, estão interessadas em saquear as riquezas do país, especialmente o petróleo.

Entretanto, no caso do coxismo brasileiro, o caos não colabora para unir as oposições de direita. Alguns representantes do capital industrial produtivo, outros tantos representantes do capitalismo financeiro se ressentem do imobilismo que pode submergir a economia do país. Este elemento – a incapacidade de unificação dos interesses do capitalismo pelo movimento – distingue o fascismo do coxismo.

Como se vê, as semelhanças com o fascismo – que fazem do coxismo um fenômeno social relevante no país – não são tantas e tão profundas. Embora o descrito até agora seja capaz de gerar preocupação, existem elementos que afastam o fenômeno de alcançar pujança suficiente para realmente ameaçar a ordem democrática. Senão, vejamos.

O coxismo é um movimento anticarismático

Apesar dos oportunistas e homens de bem, como dito acima o coxismo se ressente da ausência de um líder. Na verdade, nos encontramos num período de disputa acerca de quem verdadeiramente representaria os anseios dos coxinhas, transformando-se em um líder carismático deles. Aécio Neves e Marina Silva não alcançaram o intento, apesar dos contínuos esforços de ambos.

A principal dificuldade neste quesito é que uma liderança carismática que represente os interesses do coxismo teria que, necessariamente, atuar como um demagogo. Esta aproximação com as práticas tidas como da "velha política" pelos coxinhas, poderia afastar a liderança carismática do núcleo "ideativo" do movimento.

Dificilmente um séquito sincero e não financiado seguiria cegamente alguém que representasse – ao menos no discurso – os anseios e necessidades de uma maioria da população, fortemente odiada pelo coxismo. Este paradoxo, que pode ser denominado de necessário "impopulismo" da liderança dos coxinhas impede, na prática, a sua ascensão. O líder coxinha deve ser necessariamente hipócrita e a hipocrisia não é capaz de galvanizar uma liderança.

Mesmo fortemente desejado e até ensaiado, um líder do coxismo dificilmente pode ser produzido. É um oximoro.

O coxismo não se orienta por um projeto de país

Embora o ódio dirigido às classes subalternas, ao operariado e aos movimentos sociais organizados em geral seja um fator de identidade entre fascismo e coxismo, este sentimento não é – no coxismo – dirigido a objetivos estratégicos.

Assim, os coxinhas, alimentados pelo ódio de classe e pelo ódio à política, não desenvolveram discursivamente uma compreensão específica sobre a nação e a nacionalidade, elementos de coesão social clássico nos movimentos fascistas.

O coxismo tem uma noção vaga e difusa de símbolos nacionais e de amor ao país, resquício da educação moral e cívica da ditadura civil-militar. Ufanismo vazio e requentado, que é expresso na frase "Brasil: ame-o ou deixe-o" ou na utilização de camisas verde-amarelas da CBF – Confederação Brasileira de Futebol (instituição envolvida em uma série de escândalos de corrupção).

Estes símbolos de um projeto nacional inexistente representam ausência de estratégia política e espontaneísmo. No máximo, se agregam ao movimento explicações econômicas de caráter neoliberal, que mais significam reações ao desenvolvimentismo do "lulo-dilmo-petismo" do que propriamente um projeto conscientemente assentado em suas fileiras.

Como consequência da ausência de um projeto político, o coxismo tupiniquim não se ajusta a um programa de expansão internacional das fronteiras, a se alcançar através da diplomacia ou da guerra, nem mesmo a um desejo de hegemonia imperial, como ocorreu com os fascismos mais variados.

O coxismo, ao contrário, sofre fortemente do "complexo de vira-latas". Se há um projeto, este é o da subalternização dependente às potências econômicas estabelecidas – em especial, aos EUA –, como se o Brasil já não o fosse ou não tivesse condições de se tornar uma potência independente por si só.

O coxismo não é capaz de produzir doutrina ou teoria

Embora se questione a originalidade das teses fascistas, não há dúvida que as mais capacitadas mentes ocidentais se esforçaram para constituir fundamentos doutrinários e teóricos para o fascismo. Gaetano Mosca,

Mikhail Manoilesco, Giovani Gentille, Vilfredo Paretto dentre inúmeros intelectuais reconhecidos e estudados até hoje foram utilizados ou cerraram fileiras momentânea ou organicamente junto ao fascismo.

O fascismo alicerçou-se, consequentemente, num programa corporativista, numa filosofia da história e num projeto de civilização expressos de forma limitada, porém minimamente consistente – através de livros, discursos e projetos de Estado –, embora fossem (e sejam) ética, social e politicamente questionáveis.

O coxismo brasileiro não goza de intelectuais aptos a produzir uma teoria justificatória. Artistas decadentes, colunistas e apresentadores de TV não foram capazes de desenvolver uma doutrina com alguma lógica que seja capaz, por exemplo, de dar conta do combate à corrupção e, ao mesmo tempo, da paradoxal adesão a Eduardo Cunha ("Somos milhares de Cunhas" diziam várias faixas nas manifestações).

O coxismo conta com apoiadores inconsistentes teoricamente e, em sua maioria, financiados pela grande mídia. Ele se alimenta, portanto, da propaganda. Como o fascismo, pretende insistir monotonicamente em meias-verdades, mentiras e manipulações para angariar adesões. A mais expressiva delas é a criminalização seletiva: a corrupção é exclusiva do PT e, por exemplo, é a maior e nunca dantes vista.

Diferentemente do fascismo, entretanto, a propaganda do coxismo não é oficial. É oficiosa e não consegue penetrar de forma sistemática em todos os elementos da vida social, como escolas, fábricas e repartições públicas.

As concessões de rádio e TV, distribuídas de forma inconsequente pelos governos petistas, fazem um bom trabalho a favor do coxismo, mas contam com a resistência organizada e ainda renitente dos movimentos sociais e da intelectualidade que não foram cooptados pelo movimento coxista.

Racismo velado e impossibilidade social do desenvolvimento do coxismo no Brasil

O coxismo, como o fascismo, é profundamente xenófobo e racista. Mas, diferentemente, não pode fazer propaganda disto. Como as instituições jurídicas ainda estão operantes no país, os coxinhas não podem exercer o seu racismo de forma explícita e impunemente. O racismo e os preconceitos dele derivados contra a população LGBTQIA+, contra mulheres e não brancos precisam permanecer velados.

Talvez este seja o verdadeiro calcanhar de Aquiles do coxismo. A sua distinção em relação ao fascismo que atinge de morte o movimento e impede que ele se espalhe como um câncer social.

Diferentemente do fascismo, o coxismo não tem condições de se disseminar pela profunda ojeriza que têm das classes populares. Enquanto o fascismo se aproveitou de medidas de apoio às classes operárias para ampliar as suas bases, prometendo e, em geral, não cumprindo suas promessas, o coxismo brasileiro simplesmente não apresenta o menor pudor em externar o seu descontentamento com a ascensão social e de status das classes baixas.

Desta forma, uma última e importante distinção entre fascistas e coxinhas é que o fascismo assumiu uma dimensão política capaz de galvanizar massas hipnotizadas e garantir a tomada do poder político em alguns Estados nacionais. O movimento fascista, em suas várias formas, espalhou-se como uma onda na primeira metade do século XX, atingindo vários países da Europa. O coxismo brasileiro, como um arremedo mais ralo e tênue do fascismo, não tem encontrado condições de se desenvolver para além de uma militância financiada e de adesões eventuais de parcelas conservadoras das classes médias. Este agrupamento social difuso e desorganizado não conseguiu, até o momento, transformar o fanatismo e a violência em ação organizada e sistemática de massa.

Isto não elimina a necessidade de nos utilizarmos diligentemente das experiências das resistências aos fascismos pelo mundo para combater o coxismo tupiniquim.

O coxismo tem se mostrado cada vez mais violento e cada vez mais despudorado em sua violência. Os ataques eventuais e espontâneos a militantes de esquerda mais ou menos identificados transforma-se rapidamente em ataques coordenados e financiados contra lideranças sociais e representantes partidários.

Mesmo portando diferenças significativas com o fascismo, o coxismo padece do mesmo mal das manifestações de ódio e intolerância: a ausência de abertura para o diálogo.

E, como a luta contra o fascismo, a batalha contra o coxismo está longe de ser inútil ou infrutífera. E é uma batalha na qual se pode lutar com várias armas. Das mais toscas às mais sofisticadas.

No fundo, o coxismo expressa, antes de tudo, uma carência. Uma carência violenta e ignorante. Uma carência que nega a realidade e a reconstitui em sua imaginação coletiva segundo seus desejos compartilhados de igualdade singularista. Carente e ignorante, o coxismo precisa ser inundado de amor, educação e informação. Mas sem nunca descuidar da integridade dos nossos, porque a igualdade de condições é, para o diálogo acontecer, um elemento fundamental.

*O título original deste texto é plagiado respeitosamente do seminal livro *Behemoth: estrutura e prática do nacional-socialismo* (1942), do jurista e cientista político alemão Franz Neumann, integrante da Escola de Frankfurt e um dos mais aguerridos intelectuais na luta contra o nazismo no século XX.

(04/11/2015)

O REACIONARISMO QUE SAI DO ARMÁRIO COM GOLPES DE ESTADO

Existe um processo latente em todo golpe de Estado. Aconteceu em 1964, acontece em 2016. É que o mundo não para por conta do golpe – a não ser com uma greve geral que o combata. E quem não tem uma convicção consistente ou está pensando na sobrevivência imediata ou geralmente sucumbe em obediência e reconhecimento ao novo regime, independentemente dos retrocessos que este possa causar. Como consequência, os objetivos antes inconfessáveis de dilapidar o país – assim como a violência reacionária – saem do armário sem nenhum pudor.

Semana passada, no começo de setembro de 2016, um evento medievalesco aconteceu em Niterói (RJ) por conta da aprovação do Plano Municipal de Educação na Câmara de Vereadores da cidade. Algo semelhante já ocorrera em São Paulo, em 2015. O acontecido revela uma questão interessante, para não dizer trágica: o movimento pendular da direita em direção à extrema direita, sucumbindo ao fascismo, sob influência do momento de exceção.

O Plano de Educação de Niterói – válido pelos próximos 10 anos – para além de questões relativas à dignificação do trabalho dos professores, pretendia incluir o ensino da diversidade e agregava como necessidade o combate à violência de gênero. O texto, neste ponto, era claro: "Combater a violência física e psicológica contra o gênero feminino, a população negra e LGBT nas escolas".

Foi o que bastou para que grupos reacionários da cidade ocupassem em tumulto a sessão para forçar que alguns vereadores votassem em bloco contra a "Educação e Diversidade de gênero" – ponto derivado de um debate de meses com entidades representativas de profissionais de educação, instituições federais, estaduais e municipais.

Autor da emenda, fundador da Parada do Orgulho LGBT de Niterói e do Grupo Diversidade Niterói (GDN), o Vereador Leonardo Giordano (PCdoB) ficou revoltado: "Acredite se puder, foi contra este texto que votaram os 'defensores da família'. Que a negação dessa emenda lhes sirva de marca eterna, pois será reproduzido por anos lhes revelando a vergonha. Sim, era pra combater a violência – e limitava-se a isto".

Para completar, os defensores da Tradição, Família e Propriedade – estimulados pela turba e aproveitando o momento de irracionalidade, aprovaram outra emenda que proíbe o uso de qualquer material lúdico, didático ou paradidático que trate dos temas de gênero, diversidade e orientação sexual nas escolas públicas e particulares.

O Plano, já sem o texto que garantia o ensino da diversidade – mas com a emenda que amordaça o esclarecimento sobre temas como machismo, violência contra a mulher, dentre outras questões salutares – está nas mãos do Prefeito Rodrigo Neves (PV). Ele, ao menos, pode vetar esta emenda – inconstitucional – que proíbe o debate de gênero nas escolas.[1]

O papel dos 13 vereadores que votaram contra o Plano de Educação no que tinha de inovador foi o de sucumbir à falta de argumento dos fascistas de plantão. E, nesse sentido, pode se concluir que o conservadorismo dos fiéis ao regime de exceção descamba com facilidade para o irracionalismo de posições obscurantistas – especialmente se estas se mostram facilitadoras eleitorais.

Quando quebrar as regras torna-se possível sem maiores consequências – esta é a dinâmica do golpe de Estado –, os simpatizantes do regime

1 De fato, o então Prefeito Rodrigo Neves vetou a emenda 98, que proibia o debate sobre gênero, no que viria ser a Lei nº 3234 de 02 de agosto de 2016.

sentem-se livres e respaldados para operar da forma mais bizarra. É o momento em que a violência se revela impudorada.

Outra conclusão possível, desta feita de caráter positivo, é que neste momento as pautas ditas pós-modernas ou setorializadas são passíveis de agregação. Porque o golpe de Estado não é somente contra "o conjunto da obra" ou contra o PT ou – ingenuidade – muito menos contra a corrupção.

O golpe é contra a liberdade de sermos o que quisermos ser, de sermos inclusive quem somos. E de construirmos o nosso futuro sem devermos nada a ninguém.

O golpe é contra a cultura, contra a civilização, contra a diversidade, contra os direitos dos trabalhadores, contra qualquer norma que limite o uso da violência pelos próceres do regime. O golpe de Estado é antimoderno, no que a modernidade política pode ter de democrática, racional, procedimental.

A sociedade civil brasileira somente saiu do torpor sob a ditadura empresarial-militar depois que a repressão violenta começou a atingir os filhos da classe média. O processo de democratização passou por variadas fases e, aos poucos, foi conquistando a simpatia popular sem, contudo, ter se completado. Não foi aprovada a emenda para eleições diretas em 1984, a anistia atingiu inclusive torturadores e a Constituinte de 1987 foi composta por senadores eleitos ainda sob o regime de exceção. As consequências políticas de uma transição inacabada para a democracia se fazem sentir hoje.

Em 2016, o golpe do "impeachment" – já está claro –, foi muito mais sofisticado. Realizou-se "por dentro" das instituições políticas, com o respaldo do Poder Judiciário.

À revelia da Constituição, mas segurando-a nas mãos, os golpistas bradaram pela saída da Presidenta eleita sem a necessidade de tanques nas ruas. O fizeram com o respaldo interessado das corporações midiáticas.

A narrativa de que houve golpe – golpe de Estado, que poderá ser sacramentado com a aprovação do impedimento da presidenta Dilma Rousseff no Senado – encontra, portanto, uma dificuldade maior, não somente de natureza político-judicial, mas cultural. A repressão à dissidência política se faz via processos judiciais e políticos. E, a conta-gotas, a criminalização de partidos de esquerda, movimentos sociais e oponentes ao regime passa a recair também contra ideias como a de diversidade sexual.

É a reação a tudo que é diferente daqueles homens velhos, heterossexuais, ricos e brancos – tão bem representados no regime Temer – que está saindo do armário para sobressaltar os que esperavam tempos de tranquilidade.

A reação vem em forma de ditadura, em todos os aspectos. É a "Escola sem partido", a esquerda sem partido e o desejo – violento – de que a vida siga sem diferenças e sem liberdade. Contra isto, só mesmo muita luta.

(19/07/2016)

O GOLPE DEU CERTO. PARA QUEM?

Como era de se esperar, o regime Temer faz água em velocidade assustadora, envolto em denúncias de corrupção, em uma crise econômica aguçada por sua incompetência e pela ganância desenfreada das forças internacionais do capital que desejam saquear o país o mais rapidamente possível. Neste mar revolto, os vários representantes do capitalismo brasileiro soçobram em disputas fratricidas, em grande parte geradas pela ausência de uma força política de conciliação.

Paralelamente ao grande cenário geopolítico – que situa o Brasil como mais uma peça do xadrez internacional de desmonte das democracias tendentes à independência político-econômica –, estamos assistindo o mais abrangente processo de criminalização da política no Brasil. Desde 2013, o discurso de combate à corrupção – arma histórica da direita udenista – tem encontrado respaldo e materialidade no aparato judicial e repressivo do Estado.

Nesse sentido, o golpe que apeou Dilma Rousseff da Presidência tem se mostrado um sucesso. O embate da classe política tradicional (com a exceção momentânea do PSDB) com a burocracia policial/judicial tem produzido a erosão da lógica da legalidade como orientação do funcionamento das relações sociais.

Como se tem dito, o estado de exceção está a todo vapor. As regras do jogo democrático estão sendo substituídas à luz do sol pelo poder e arbítrio de um aparato institucional que deseja funcionar à imagem e semelhança da "Operação Lava Jato", isto é, sem controle.

Argumentar-se-á aqui que este movimento tenderá à destruição dos envolvidos no jogo. Por quê?

A constituição de 1988, percebe-se hoje, durou o tempo que durou mais pela anuência interessada dos militares e dos que bancaram e depois abriram mão da Ditadura do que pela força dos movimentos sociais que defendiam a abertura democrática, os direitos sociais e o pluralismo político.

No processo histórico recente, parece que as esquerdas não entenderam a necessidade de completar a transição da ditadura para a democracia e alimentaram o leviatã que hoje as engole de forma despudorada. Foram exatamente os governos do PT que cevaram de forma irresponsável o corporativismo antirrepublicano das agências de controle.

Ocorre que hoje a instabilidade do golpe cavalga para direções imprevisíveis. Em consequência, a narrativa de legitimação de todo este processo – que se tenta levar a cabo pelos meios de comunicação de massa – não resistirá aos sucessivos golpes dentro do golpe que se avizinham.

Muito provavelmente, ao trauma do impeachment serão sobrepostas a queda do regime Temer, a ascensão de um governo "eleito" indiretamente e a incerteza do futuro político do país. Acrescente-se a isto políticos de primeiro escalão presos, indiciados, inelegíveis e amedrontados com a perseguição midiático-judicial. Ser ou ter sido Prefeito ou Governador no Brasil hoje é risco real de ser processado e/ou preso.

Não é, portanto, exagerado dizer que todos estes fatores colaborarão para que a instabilidade se aprofunde e o medo e o caos se instalem. Assim, ninguém está realmente seguro. Nenhuma instituição pode compreender ser possível ter hegemonia neste cenário de pavorosa instabilidade.

A questão então será a seguinte: de onde virá a nova "ordem"? A classe política desbaratada, os movimentos sociais criminalizados, os partidos políticos sem legitimidade popular e o povo sem representação e articulação não serão alternativas.

Mais uma vez a ordem virá das Forças Armadas? Não necessariamente.

A onda global de xenofobia e de obscurantismo expressa nas eleições norte-americanas traz a certeza de que o mundo não fez o devido *back-up* de suas experiências do século XX e revive em *looping* a perspectiva do terror dos extremismos fascistas de então.

Não por acaso, o nazismo e o fascismo têm ecoado incessantemente nas narrativas da esquerda para explicar as subversões contemporâneas da ordem política ocidental. Nesse sentido as experiências radicais de violência anteriores geralmente indicam uma espécie de antecipação das "regularidades" burocráticas atuais. É a revivescência da "banalidade do mal".

Não se trata de simples "repetição" da história, até porque as condições sociais e econômicas do momento e as ações de indivíduos e grupos influenciados por elas ditam o modo como a ação social se dá. A história se faz em acordo com os elementos da conjuntura e, nesse sentido, não se repete. A "saída" militar, portanto, não está dada de antemão por conta da "repetição da história".

Mas se pode com certeza reviver em larga escala experiências do passado sob outra estrutura, sob outras roupagens. De fato, não apenas a ciência avançou a partir dos experimentos da 2ª Guerra, mas a administração do Estado, a propaganda, a organização dos partidos, os discursos políticos e as tecnologias de organização da vida social – especialmente o controle e a repressão das populações – também se valeram em larga medida de experimentos obtidos muitas vezes com a brutalidade excepcional dos pioneiros.

Será que a onda reacionária que varre hoje o mundo pode ser lida como a realização normalizada, estendida, reestruturada e regulada de eventos históricos traumáticos como os aludidos acima? Certamente. Tanto mais quando o mal foi banalizado – pelo menos desde o exemplo nazista – pela propaganda de Goebbels, por um judiciário enviesado e politizado e por uma burocracia industriosa da solução final.

E, consequentemente, é possível afirmar, ao menos em tese, que a experiência radicalizada da opressão em escala global, do capitalismo selvagem e da dominação de nações por impérios aportam, nos horizontes de hoje – como diria Tocqueville –, como um temível despotismo, característico das nações democráticas?

Que novo despotismo é este, já vislumbrado em meados do século XIX?

Diante da demonização da política, e de uma experiência democrática recente e pontual (vai-se às urnas de dois em dois anos e a participação popular cumpre o seu papel), por que deixar de cuidar da própria sobrevivência para agir no espaço político, cada vez mais desprezível e corrupto?

A resposta para estes questionamentos, característicos das democracias modernas, é o despotismo "doce" que seduz e aliena os indivíduos, afastando-os de suas responsabilidades coletivas e políticas. Os americanos passaram a chamar isto de *smart power*. É a ditadura da mídia e das burocracias. E por que não uma ditadura da burocracia mais aristocrática e mais midiática, a judicial?

Hoje, quase duzentos anos depois de Tocqueville, vemos com assombro a docilização do povo, provocada pelo "pão e circo" dos meios de comunicação oligopolizados, interessados em ampliar os seus tentáculos para controlar os negócios da política, dominar as instituições de Estado e operar com liberdade com vistas à ampliação da própria lucratividade.

O liberalismo conservador de Tocqueville entendia também que a Suprema Corte norte-americana era um substitutivo funcional para a força dirigente da sociedade que a aristocracia representava no Ancien Régime. Ele via, assim, no ativismo judicial, um elemento socialmente positivo. Os direitos garantidos pelo judiciário eram um modo de transformar os interesses individuais em interesse público.

Mas este diagnóstico hoje, ao menos no Brasil, deve ser profundamente questionado.

Os meios de comunicação e o judiciário são eles próprios engrenagens submetidas a um conjunto de interesses que, como já se disse, transcendem os agentes e as agências nacionais e pouco têm a ver com o interesse público.

Imprensa e judiciário cumprem, conscientemente ou não, uma pauta alienígena. O desmonte do país certamente não servirá, em médio e longo prazos, para a mídia e para as agências repressivas. Muito menos as legitimará enquanto avalistas da república e da democracia.

Embora Tocqueville entendesse essencial, para as sociedades democráticas, imprensa livre e judiciário forte, a interpretação que nas últimas décadas se deu para este projeto de sociedade igualitária não significava um poder judicial fundado no ativismo e na liberdade para retorcer a lei ao bel-prazer dos interesses de ocasião. Muito menos um judiciário que operasse em afinidade submissa com os meios de comunicação.

Nesse sentido, é quase obrigatória a advertência do magistrado francês no final do seu Democracia na América. Ali, Tocqueville aponta quais os riscos para as democracias que hoje se vislumbra com tanta clareza em nosso horizonte:

"A igualdade sugere aos homens várias inclinações perigosas para a liberdade, para as quais o legislador deve estar sempre de olhos abertos. Recordarei apenas as principais. //

Os homens que vivem nas eras democráticas não compreendem facilmente a utilidade das formas; eles sentem um desprezo instintivo por elas. Expliquei em outra parte os motivos disso. As formas provocam o desprezo e muitas vezes o ódio deles. Como comumente aspiram apenas a gozos fáceis e presentes, lançam-se impetuosamente para o objeto de seus desejos; as menores demoras desesperam-nos. Esse temperamento, que transportam para a vida política, os indispõe contra as formas que os atrasam ou os refreiam cada dia em alguns de seus projetos. //

Esse inconveniente que os homens das democracias encontram nas formas é, no entanto, o que torna essas últimas tão úteis para a liberdade, sendo seu principal mérito servir de barreira entre o forte e o fraco, o governante e o governado, retardar um e dar ao outro tempo de se reconhecer. As formas são mais necessárias à medida que o soberano é mais ativo e mais poderoso e que os particulares se tomam mais indolentes e mais fracos. Assim, os povos democráticos têm necessariamente mais necessidade de formas do que os outros povos e, naturalmente, respeitam-nas menos. Isso merece séria atenção."

As formas a que Tocqueville se refere são a forma da lei, a forma da Constituição, a forma do devido processo legal. Formas que estamos dispensando a cada dia que passa com mais facilidade e irresponsabilidade maior ainda. Assim, dificilmente o golpe funcionará a nosso favor, por mais que haja torcida para os heróis de ocasião.

(21/11/2016)

A NOVA FASE DO GOLPE DE 2016

O golpe dentro do golpe avança em direção às tropas mercenárias, aliadas, e até aos generais "de dentro" – mesmo que tudo indique que seja apenas para inglês ver.

A relativa "democracia" da lista de delatados do Ministro do STF Edson Fachin – chegando a nomes tidos como "ilibados" – atinge percentual significativo do Congresso Nacional. Afeta também governadores e vários ministros do regime Temer, o beneficiário da primeira fase do golpe.

Mas o que importa mesmo é como a "Lista de Schindler" às avessas da política tupiniquim vai ser interpretada pela mídia. E em qual direção essa interpretação aponta.

Vê-se que o feriadão de Páscoa [de 2016] será povoado pelo mote da criminalização da política, acentuando o moralismo de araque de conglomerados de comunicação, envolvidos até o talo nas mesmas práticas que denunciam em afã condenatório.

E não se engane: o alvo prioritário continua sendo o PT e, em especial, o desmonte da candidatura de Lula. FHC, Aécio, Serra *et caterva* são cartas fora do baralho e não serão incomodados para além de citações telegráficas e respeitosas. Temer somente o será na medida em que a sua fragilização permitir que se acelere o andamento do que ele precisa entregar. Mas certamente a sua situação foi sensivelmente fragilizada. Se não mesmo inviabilizada. O resto são ataques teleguiados a eventuais presidenciáveis de primeira viagem, como Cassab, Eduardo Paes e Haddad.

Em espectro mais largo, este movimento de avaliação seletiva da delação de Marcelo Odebrecht e outros delatores aplaina o terreno para um contragolpe sem Temer ou para a solução "mágica" do salvador da pátria de ocasião, que provavelmente está sendo preparado nos laboratórios da extrema direita. Mas, como se chega lá?

Salvacionismo

Em primeiro lugar, a delação de Odebrecht somente de forma rápida é apresentada como um tsunami de lama a encobrir os alicerces de Brasília. A mira do judiciário não se focou de forma "democrática" para o lado do PSDB, por exemplo. Continua querendo Lula.

Em que pese Odebrecht estar preso há dois anos e sua interessadíssima delação – manifestação "livre" sob espada, como diria o teórico da soberania moderna Thomas Hobbes – ter sido milimetricamente negociada e preparada, essas inconstitucionalidades ou mesmo ilegalidades do processo não vêm mais ao caso. Não vêm ao caso também a falta de provas ou de investigação.

Assim, o que importa é o efeito simbólico que a repetição da delação "consistente" e "detalhada" de Odebrecht produz instantaneamente na "opinião pública". O que importa é asfaltar o terreno para se avançar em direção a Lula. Como já afirmei, a narrativa da mídia, que molda a realidade de acordo com seus interesses editoriais, políticos e econômicos, essa narrativa ficcional, transformada em notícia e condenação em rede nacional modifica, pela imposição social e política de sua "verdade", o próprio processo jurídico. A interpretação pronta que criminaliza é repetida — rotinizada — e convertida em um fenômeno "natural", isto é, que não necessita ser questionado em sua naturalidade. As notícias que circundam os escândalos políticos nacionais são organizadas segundo as características estruturais do drama — conflito narrativo, personagens em ação dramática (mocinhos, vilões, testemunhas etc.) e lições de moral.

A narrativa aponta para a quadrilha de ladrões que assaltou o Estado, e que vai se transformar na novela de que os políticos são todos ladrões, isto é o que importa. Este discurso é tanto mais necessário quando não se alcança vitória política pelas vias eleitorais normais. E ele vem desde a AP 470 e completa 12 anos.

Em segundo lugar, outra consequência desse movimento em direção ao salvador da pátria é que a ideia mesma da atividade política como elemento essencial da vida social está sendo posta no sal.

E, para adiantar o argumento, a lógica aqui é colocar no lugar dos corruptos um governo "técnico", "neutro" e "competente". Esta é a receita das ditaduras. Ou, no "mínimo", de um governo fraco, gerenciado à distância por interesses alienígenas. De qualquer forma, este movimento atinge gravemente a saúde política de Temer.

Outro elemento em direção ao salvacionismo é a fragilização dos políticos. A "Lista de Fachin" colocou a classe política nas cordas e esta sofre de fato e de direito um brutal ataque, orquestrado em dueto pelo Judiciário e pela mídia.

Se por um lado a quase centena de políticos delatados pode esperar um tratamento diferenciado, todos eles se tornam reféns da parceria Judiciário-Mídia. Serão instados a andar na linha e a não furar o esquema que prepara a fogueira para Lula.

É o caso, por exemplo, de Renan Calheiros, líder do PMDB no Senado. Renan acenou romper com Temer e se aproximar a Lula. Não vai durar solto – obviamente se for preservado o andamento das denúncias seletivas da PGR no STF.

A "Lista de Fachin" é, portanto, um freio de arrumação no golpe. Um movimento que realinha ou que pretende realinhar as tropas em polvorosa ou em movimentos variados de deserção.

Reação em cadeia (ou na cadeia)

Os delatados do Congresso Nacional provavelmente aproveitarão o fim de semana turbulento para digerir a pancada e tentar minimamente uma reação. Ou se manterão acocorados, aguardando instruções do golpe.

Uma eventual reação poderá ser organizada em articulação com o Palácio do Planalto. Se a reação não vier e for efetiva, o caminho de ambos, Congresso e Planalto, continuará a ser traçado sob a batuta cada vez mais desinibida da República de Curitiba.

Os efeitos políticos da "Lava Jato" atingem o seu auge, não somente por esquentar as turbinas para garantir a inelegibilidade ou mesmo a prisão do ex-presidente Lula, conforme já escrevi no artigo "Quem quer prender Lula?" ainda em junho de 2015 [o artigo está na segunda parte deste livro].

O que estamos assistindo significa igualmente uma clara ruptura com o modelo do "conservar mudando" da política nacional. A transação entre interesses variados das elites se substitui pelo trator de uma agenda de desmonte que é pouco afeita a negociações. Não há espaço para dissidências ou agendas paralelas. Fragilizado, o país assiste impávido ao seu desmonte.

Vale dizer que a Nova República não acabou com a queda de Dilma Rousseff ou mesmo com a ascensão de Michel Temer, o preposto da Casa Grande que, a cada dia que passa, se aproxima mais e mais do cadafalso.

A República que a Ditadura Empresarial-Militar permitiu existir termina com o fim do pacto das elites, especialmente com a entrada em cena deste novo ator político que é o Judiciário – representados pelos próceres da "Lava Jato", pelo STF, pelo TSE, mas não somente.

Em lugar da democracia parcial, equilibrada precariamente no pacto constitucional de 1988, está em gestação um novo momento, que pode ser o da Pós-Política, ou como diz o professor e juiz Rubens Casara, o da Pós-Democracia. E pode ser este o momento do fascismo, da manifestação da dominação através da violência pura e simples, sem a necessidade da mediação de instituições. O país da "meganhagem", como teme e lamenta o Ex-Ministro da Justiça e procurador Eugênio Aragão.

O que é certo é que o negócio entre as elites econômicas e a classe política está sendo implodido nos moldes atuais por esse *Deus Ex Machina* que são as condenações instantâneas de reputação via televisão. O Judiciário, em posição de obediência feliz, acena a reboque com o verniz de neutralidade dos procedimentos jurídicos.

Ciro Gomes, que foi deixado de lado pelo golpe até agora, talvez o tenha sido para figurar como o elemento legitimador desse processo de eliminação da democracia e da política como formas de organizar o país. (Afinal, a blindagem de Ciro – ou de qualquer um – independe, em tempos de exceção, dele ter ou não feito qualquer coisa. Depende, isto sim, dele servir ou não, atrapalhar ou não o andamento do golpe). Se crescer nas pesquisas presidenciais, vai para a massa de mira com a maior facilidade.

Outra presidenciável, capaz de aglutinar ao seu redor as figuras que dão sustentação ao golpe, Marina Silva, nada teve a dizer até agora e deve esperar quieta a roda da fortuna eleitoral bater mais uma vez à sua porta.

O PSDB, de forma ainda não dimensionada maculado pela "Lista de Fachin", deixa de ser o representante oficial do golpe e outros elementos, mais aventureiros, hão de cumprir melhor, e de forma mais subserviente, o papel de governar o Brasil para os outros. Oxalá o feriadão da Páscoa possa trazer nova luz e nova vida à política, esta senhora somente não mais maltratada que a nossa finada democracia.

(12/04/2017)

CURITIBA, A CAPITAL DO ESTADO DE EXCEÇÃO

Hoje [maio de 2017], num desdobramento típico do nosso realismo fantástico, o futuro da democracia brasileira será decidido em Curitiba. O palco está armado – até os dentes, segundo vídeos que documentaram ontem as movimentações da tropa de choque da PM na capital paranaense. Assim, Lula e as centenas de movimentos sociais que se organizaram para manifestar o seu apoio ao ex-presidente serão recebidos.

Na madrugada de hoje, foram filmados morteiros sendo jogados no acampamento do MST, perto do centro da cidade. Helicópteros, "caveirões", proibição de circulação nos arredores da Justiça Federal, o clima de estado de sítio foi cuidadosamente preparado pelas autoridades.

No último dia 28, o da greve geral, não se esperava a reação violenta e descabida da PM – em especial no Rio de Janeiro. Já em Curitiba, hoje, a PM do governador Beto Richa, que massacrou professores e alunos da rede estadual, não surpreenderá se repetir a atuação usual contra os movimentos sociais. E provavelmente o fará mesmo sem provocação. Oxalá eu esteja errado.[1]

Para completar o clima, a Globonews já prepara o ambiente para uma eventual prisão de Lula, antecipando que Moro não aceitará "desacato".

1 Neste ponto eu estava errado. Cerca de 60 mil pessoas foram a Curitiba assistir o depoimento de Lula à Lava Jato em 10 de maio de 2017. Não houve maiores tumultos.

Se esta tragédia anunciada ocorrer nas próximas horas, sacramenta-se o estado de exceção, a suspensão do Direito, e podemos falar sem erro que estaremos sob ditadura. O passo seguinte certamente será a supressão das eleições de 2018, onde não se tem clareza de que um candidato que representa os interesses do regime poderá ser eleito.

Nunca é demais lembrar que o regime Temer é uma espécie de desdobramento natural do projeto de poder de Eduardo Cunha. Assistir ao *House of Cards* Tupiniquim equivale a testemunhar o desenrolar grotesco de um espetáculo que mortifica a democracia. Tanto mais quando se testemunha que o golpe se desdobra em destruição de direitos, repressão e desemprego, desembocando na fraude das eleições em 2018.

O regime não esconde funcionar como plutocracia. Os ricos mandam subtrair as riquezas do país através da destruição das forças políticas que sempre reagiram ao seu desmonte. A realização deste "projeto", através da violência, certifica a ditadura.

A questão não é singela. A noção de que o 1º de abril de 1964 consumou um golpe de Estado não se instalou naturalmente na consciência dos brasileiros. Apesar dos esforços de historiadores, cientistas sociais, militantes e personagens da época, até hoje existem os que defendam que o que houve, foi sim, uma revolução. Contra o comunismo. E uma revolução democrática.

A diferença de hoje para a dos resistentes às posteriores comprovações de que o golpe se fez ditadura – e violenta – é que nos dias que correm paira no ar um cheiro estranho, um constrangimento que não ousa reivindicar a verdade da "revolução constitucional" capitaneada pelo temeroso Michel. Afinal, o rótulo artificial de impeachment para o golpe é menor e menos glorioso que a ideia de que o golpe teria se produzido como revolução. Dessa vez, os golpistas não acertaram nem na retórica de justificação.

Muito mais velozmente que em 1964, o golpe judiciário-midiático-parlamentar de 2016 deságua não somente no seu esgotamento político, mas, em particular, para a sua falta de consistência simbólica. Os desdobramentos do interrogatório de Lula hoje em Curitiba coroarão este fato.

E por que, apesar dos esforços do *mass media*, isto não surpreende?

Mais uma vez a história pode trazer luzes ao presente. Em 1964 o golpe representou a culminância de um conjunto de articulações desde muito e por muitos operada. A classe empresarial e os oficiais das Forças Armadas foram instruídos pelos EUA desde final dos anos 1940 na Doutrina de Segurança Nacional, abdicando da soberania e da defesa das fronteiras contra ameaças externas para centrar fogo nas organizações sociais e sindicais – o inimigo interno.

Obviamente que este movimento de radical mudança da tradição nacionalista e que atingiu as forças militares do cone Sul fora longamente articulado, antes do final da Segunda Guerra, por intelectuais ligados às instituições de Estado dos EUA.

Assim, havia uma efervescência anabolizada artificial, mas solidamente constituída e que, alinhada com uma tradição cultural escravista, objetivava combater a institucionalização de procedimentos democráticos, em especial a articulação política da classe trabalhadora.

Nesse sentido, a cultura do golpe de Estado corria nas veias das classes dirigentes e se espalhava pelas classes médias através da propaganda financiada pelos EUA, por instituições como o IPÊS e o IBADE – no que os norte-americanos denominam atualmente de *smart power*. E, ainda assim, levou mais de 10 anos para se cristalizar.

O golpe de 2016, sabe-se hoje, ensaiou sua eclosão desde 2003, quando da primeira eleição majoritária vitoriosa do Partido dos Trabalhadores. Lula não podia governar. Esta era a palavra de ordem que transbordava em metáforas nos jornais de grande circulação.

Prontamente, articulou-se parlamento, judiciário e mídia em torno da CPI dos Correios, que se transformou na famigerada AP 470 do STF.

Sem um projeto de país, sem uma interpretação que desse sentido a ascensão dos trabalhadores ao poder, sem condição de estabelecer uma estratégia de ocupação de "corações e mentes" – ao contrário do que se acusava o PT então, de "aparelhamento" –, o governo Lula não foi capaz de sequer compreender que as instituições políticas estavam em marcha acelerada para o golpe.

Herdeiros diretos do *modus operandi* da ditadura empresarial-militar, Judiciário, mídia e setores marginalizados do Congresso Nacional de então – capitaneados pela figura abjeta de Roberto Jefferson, ex-Ministro de Collor – articularam a narrativa do mensalão.

A "ética na política" foi a bandeira politicamente correta a se colocar no lugar do "mar de lama" que a direita anteriormente queria jogar no colo de Getúlio. Isso enquanto Vargas implantava a Petrobrás, a Eletrobrás, a Vale do Rio Doce e garantia o aumento de 100% do salário-mínimo dos trabalhadores, reafirmando, a ferro e fogo, a legislação trabalhista.

Hoje, a orientação é não deixar a esquerda ir tão longe como foi Vargas.

O alvoroço causado nas elites pelas conquistas sociais efêmeras – porque não transformadas em direitos ou cláusulas pétreas – dos governos Lula-Dilma produziu forte reação. O impeachment consistiu no desdobramento natural da articulação de grupos que foram democraticamente alijados do poder por mais de uma década.

Mas, ao fim e ao cabo, este golpe começou pelas mãos de Eduardo Cunha. Simbolicamente, não se sustenta. Historicamente, demonstrará a sua inconsistência.

(10/05/2017)

LULA EM LILIPUT

Dizia-se de 2013 que "o gigante" havia acordado. O que se vê hoje, na verdade, é uma legião de homens minúsculos e medíocres, como na fábula de Jonathan Swift, que pretendem derrubar e amordaçar a maior liderança política das últimas décadas. Mais um momento em que o golpe se metamorfoseia em farsa, o interrogatório de Lula na "Operação Lava Jato" será certamente objeto de estudo por muitos e muitos anos. O documento registra – sob a perspectiva "fílmica" dos inquisidores, diga-se –, o momento histórico em que o poder ficou nu em sua mediocridade ante a consistência do *zoon politikon*.

O fato, de outra perspectiva, simboliza o grotesco e violento processo de criminalização da política e da prática política. Estas deveriam ser consideradas o sentido e o horizonte de uma das liberdades democráticas mais caras – que é o povo poder escolher seus governantes. Mas não é assim em Liliput.

O resumo da ópera é que o afastamento dos limites legais e processuais para se fazer funcionar o sistema repressivo – incluído aqui o sistema de justiça criminal – se confirma como regra histórica no país. Não somente para os pobres e marginalizados, mas para quem quer que ameace o *status quo*, seja o econômico, seja o midiático, seja o judicial-aristocrático, seja o *status* social de se poder andar em aeroportos sem o povo das rodoviárias.

Curitiba – não a cidade, mas a representação simbólica-judicial do golpe, registre-se – se tornou pequena para Lula, como Liliput para Gulliver. E a salinha asséptica de interrogatórios, expressão do elemento burocrático e ritualístico da justiça criminal, não foi capaz de normalizar ou dessubjetificar Lula, nem o transformar num brinquedo dócil e útil a confirmar a narrativa farsesca.

Não era um interrogando qualquer que estava ali. Não era aquele, portanto, apenas mais um ato banal num processo regular, como quiseram fazer crer algumas declarações de seus próceres.

A provar a excepcionalidade do ato e a relevância política do réu, o aparato excessivo se fez presente. A violência em estado de latência, garantindo a ordem do processo contra inimigos imaginados, criados ou a construir, de acordo com as conveniências da estratégia do momento. Liliput armou-se para a guerra.

Não era um réu qualquer. Num dos diálogos mais reproduzidos até agora, Lula denuncia a parcialidade do julgador, a venalidade do processo e a artificialidade da acusação num momento não raro de lucidez.

Perguntado se sabia da corrupção na Petrobras, Lula responde: "Nem eu, nem o senhor, nem o Ministério Público, nem a Petrobrás, nem a imprensa, nem a Polícia Federal. Todos nós só soubemos quando houve o grampo da conversa do Yousseff com o Paulo Roberto".

Sentindo o ataque, o inquiridor – oculto pela filmagem – retruca de volta que "indagou" sobre o tema porque não foi ele, mas Lula quem indicou aquelas pessoas para o Conselho da Petrobrás, concluindo: "Eu não tenho nada a ver com isso, eu não participei dessas indicações", ao que Lula responde, em xeque-mate: "O senhor soltou o Youssef e mandou grampear. O senhor poderia saber mais do que eu…".

Estabelecido que o campo não é o direito, mas a política e o conflito, e determinada a envergadura dos oponentes – porque, afinal, não se trata de fato do devido processo, mas de uma batalha política – as armas são reveladas. E Lula cresce exatamente por escancarar a trama política oculta a conduzir o processo inexoravelmente para um desfecho que nada tem que ver com o direito.

Desnudado o caráter da contenda, passam a não serem estranhas a este modelo de "processo" perguntas sobre fatos presentes em outros processos, questões sobre opiniões políticas do réu, sobre declarações feitas há anos, sobre o modo de governar etc. Desvela-se um juízo político – como sói há de ser todo juízo penal, registre-se. Mais, apresenta-se em vídeos "vazados" on-line um julgamento sobre o político no cadafalso e não sobre os fatos da denúncia – aqueles mesmos, não comprovados para além da desacreditada delação "voluntária" de réus presos e apavorados com a perspectiva de condenações draconianas.

Num momento simbólico, a marcar a perseguição ao sujeito e não à verdade dos fatos (ou do processo, como queira), um advogado da acusação sugere – no que é respaldado pelo silêncio conivente da bancada de pretores – que o objetivo do processo não é apenas de examinar a existência de eventuais crimes presentes na peça acusatória, mas avaliar os elementos subjetivos do réu, as suas características pessoais e sua conduta social. Enfim, revelar a sua personalidade.

A fala lembrou, não por acaso, os argumentos presentes em textos dos juristas nazistas, como Mezger e Freisler, tranquilos em expressar o pouco ou nenhum interesse nos fatos, mas nos indivíduos escolhidos pelo aparato repressivo como perigosos, merecedores do extermínio: os judeus, os comunistas, os homossexuais etc.

Estes pequenos elementos no desdobrar do golpe, presentes no "contexto" do interrogatório – que antecede a condenação certa e avidamente contada no calendário pela grande mídia –, este processo mesmo, ele não chega a ser nem mesmo kafkiano. No livro de Kafka, Joseph K. lutava em vão para descobrir por que o processavam. Sobre si recaiam engrenagens cujos desígnios eram por ele inalcançáveis. Ao final, devorado pela máquina, sucumbe ignorante sobre o conteúdo da acusação que sofrera diante da potência cega da "justiça".

Este desdobrar pontual – mas importante – do golpe não esconde seus objetivos. O processo, insisto, é político.

E o é também na medida em que é vendido como instrumento de proteção da sociedade contra a corrupção (não provada) de um réu cujo perigo consiste em existir, em perambular solto ameaçando uma ordem que se estabeleceu – esta sim – sorrateiramente, sem o crivo democrático do voto.

A permanência de Lula é uma ameaça viva ao *establishment* golpista, e dizer isto é uma obviedade. Lula não pode circular livre e solto por Liliput.

Sem a arma do voto e do respaldo popular e, exatamente para agir contra a imperiosidade do voto e contra os direitos sociais, contra o povo, os tribunais estão sendo utilizados, de forma despudorada, como instrumentos de luta política.

O paradoxo é que esta luta pelo poder não está se desenvolvendo através do debate político, mas pela linguagem do direito.

Da mesma forma que o neoliberalismo de FHC se estabeleceu e se desenvolveu com o amparo do *mass media* lançando recurso à linguagem da economia e retirando da cena a linguagem da política, o golpe em andamento no país transmuta o embate de forças políticas em novela policial-judicial. Manifestações políticas são tidas como arruaças e badernas, movimentos sociais são classificados como subversivos e trabalhadores tratados como bandidos.

Como já dito nestes últimos dias, Lula recompôs, pelo menos no ato do interrogatório, o discurso da política como o verdadeiro campo de disputa, desnudando os frágeis alicerces pseudo-jurídicos da perseguição que recai sobre ele.

Lula chegou à cidade como réu. O aparato militar representava o impedimento simbólico ao ato de se fazer política. No Tribunal somente a lei deveria estar presente. Aconteceu o contrário. Do devido processo, apenas uma paródia. E a política, supostamente excluída, entrou pela janela, desnudando o véu que pairava sobre a forma de cantilena judicial.

Tudo indica que Lula deverá ser condenado a vagar pela cidade sem poder fazer política. É que os liliputianos têm medo do tamanho de Lula e do mal que pode recair sobre eles. Lula inclusive foi perguntado se realmente era sua intenção perseguir seus perseguidores caso chegasse ao poder. A bravata de palanque foi lida como ameaça. Talvez por mera retórica persecutória, a antecipar o revide à ameaça imaginária. Talvez Freud explique.

Mas nos contorcionismos da "Operação Lava Jato" – esta aberração inconstitucional a lembrar os tribunais da Inquisição portuguesa e espanhola –, perguntar a Gulliver se este irá machucar os liliputianos é antecipar a pena que os minúsculos habitantes querem de fato aplicar ao gigante. É a tal da pena preventiva. Sem prova, sem devido processo e sem culpa, mas é a pena que pretende evitar o risco do gigante destruir o golpe em forma de um regime que se diz político, mas que não tem voto, nem quer se submeter à democracia.

Lula saiu de Liliput maior do que entrou. Mas Liliput, em seu moralismo farsesco, a encobrir interesses vis, insiste em não sair do Brasil. É a fatalidade que paira soberba por sobre nossas vidas e que ronda o nosso futuro.

(16/05/2017)

O PROJETO PARA TRANSFORMAR O BRASIL NUMA IMENSA CRACOLÂNDIA

Os únicos elementos que unem os setores do golpe são as reformas previdenciária e trabalhista. Independentemente de como o golpe se concluirá – por Temer, por eleições indiretas, pela supressão das eleições diretas em 2018 ou até por eleições diretas –, o objetivo comum dos golpistas é facilitar o desmonte do que resta do Estado Social e implantar o modelo de controle repressivo da população desassistida.

Nesse sentido, o tratamento dado aos moradores da cracolândia em São Paulo é uma demonstração impressionista do que pode se tornar o futuro do país sob a nova ordem.

Para que se compreenda a dimensão dessa retomada do projeto neoliberal pelos setores que perderam com a democracia e que voltaram ao poder por via do Golpe de Estado, vale a pena dar uma olhada na história recente dos Estados Unidos.

Lá se pode vislumbrar o que receita semelhante de corte de gastos sociais gerou no país que vem servindo de inspiração – e muitos dizem, de estímulo ativo – para o desmonte da democracia formal e dos direitos no Brasil.

Alguns movimentos isolados e aparentemente não alinhados entre si podem apontar para consequências muitos semelhantes no país ao que ocorreu nos Estados Unidos da América. Isto em termos de destruição da incorporação – parcial, diga-se de passagem – da população pobre e miserável à cidadania. Seja através da destruição dos direitos legados pela

Era Vargas, seja pelo desmonte das políticas assistenciais e de renda produzidas nos governos Lula/Dilma.

Nos dizeres do sociólogo francês Loïc Wacquant, em seu livro *Punir os Pobres, a nova gestão da miséria nos Estados Unidos* (cuja terceira edição, pela Editora Revan, completa dez anos), a destruição dos direitos sociais legados pelo *New Deal* de Roosevelt se realizou na administração Bill Clinton, em 1996.

Clinton substituiu nos EUA a "guerra contra a pobreza" pela "guerra contra os pobres". Desde então, instalou-se o movimento de extinção do Estado-Providência e sua mudança pelo que Wacquant chama de Estado carcerário e policial.

Para o sociólogo, os EUA são um laboratório vivo do futuro neoliberal. É claro que no Brasil, elementos deste futuro transparecem em situações pontuais, como a utilização da repressão truculenta para "resolver" o "problema" da cracolândia em São Paulo ou o processo de expansão do sistema carcerário via privatização. Os governos do PDSB são, nesse sentido, o ovo da serpente.

No caso da cracolândia, o Prefeito João Dória desmontou as políticas de assistência social e médica produzidas depois de anos de organização do Estado junto aos dependentes de drogas e simplesmente comandou a mais brutal, despropositada e espetacular repressão àquela população.

O livro de Wacquant é uma denúncia de um processo que tem todas as condições de gerar a "cracolandização" do Brasil. Isto é, pode-se vislumbrar aqui a substituição de políticas sociais pelo mais puro, privatizado, industrializado e fascista sistema repressivo, sustentado não pelos resultados, mas, como na gestão cracolandizada de Dória, pela propaganda.

Wacquant chama movimentos como o do Prefeito de São Paulo de políticas públicas pornográficas. O objetivo dessas políticas é exibir-se, serem vistas, dar espetáculo. Espetáculo que esconde o objetivo real de implantação de políticas de "austeridade" a fórceps.

Assim, o combate ao crime passa a ser o mote previsível da performance de políticos que manejam o discurso da lei e da ordem até o limite do grotesco, ignorando fatores sociais e econômicos – ignorando as causas reais dos problemas sociais – em nome de acrobacias previsíveis e vazias diante dos holofotes, a justificar a repressão.

Não surpreende, portanto, que, na sua origem, a ideia chave para justificar a legislação que subtrai direitos e programas sociais e criminaliza a pobreza nos EUA seja eliminar a "dependência das famílias assistidas em relação aos programas sociais", que "estimulavam a vagabundagem".

Como medidas da legislação norte-americana implantada nos anos 1990, cortes radicais no orçamento social e congelamento de investimentos se justificaram pela necessidade de fazer os pobres saírem da "dependência" em relação ao Estado e "procurarem emprego".

Estes argumentos eram defendidos em uníssono sem que políticas de qualificação profissional ou de criação de postos de trabalho fossem operadas e mesmo se sabendo que parte significativa dos beneficiários trabalhavam, sim, mas em subempregos mal remunerados.

Em outras palavras, o governo de Bill Clinton, lá em 1996, retirou a responsabilidade do Estado de "dar o peixe" e, no lugar, bloqueou as condições para os setores mais vulneráveis – idosos, mães solteiras e crianças, por exemplo – "aprenderem a pescar".

Passados 20 anos da implementação dessa legislação de "austeridade" contra a população mais pobre dos EUA – que se tenta passar goela abaixo pelo golpe de Estado no Brasil –, veem-se claramente seus resultados. Em especial a explosão da miséria, do desemprego e do sistema carcerário, este último gerido majoritariamente pelo setor privado.

Independentemente da crise financeira de 2008, notam-se elementos sociais e econômicos consistentemente derivados do desmonte do Estado Providência nos Estados Unidos, operado nas últimas décadas.

A rede de proteção previdenciária dos EUA, ela mesma problemática em si, por diferenciar tratamento para setores médios regularmente empregados e setores pobres em situação de vulnerabilidade, servia para o controle populacional das classes subalternas.

Institutos como o nosso Bolsa Família operavam de forma a exigir um comportamento moral específico de seus beneficiários (como mães solteiras só receberem se comprovarem moradia com os pais), ou exigiam um volume tão extenso de burocracia que um percentual significativo dos que tinham direito aos benefícios simplesmente desistiam deles.

A dita reforma do sistema de previdência, com o congelamento de investimentos e redução de direitos, trouxe três consequências sistêmicas nos EUA: a) o aumento do desemprego, do subemprego, da miséria e da marginalidade social; b) a ampliação dos serviços de assistência privada, ou seja, a "'mercantilização' crescente da assistência social", e c) a utilização de empresas vinculadas ao mercado de encarceramento privado para gerir e monitorar a população de beneficiários remanescentes.

Coincidentemente, a transição de um Estado pretensamente caritativo para um Estado Penal puro e simples se deu, nos EUA, alicerçado pelos meios de comunicação de massa e financiado por dinheiro público transferido para empresas especializadas em gestão da violência.

O punitivismo artificialmente construído foi empurrado goela abaixo não somente pelo discurso das autoridades públicas, mas por uma intensa campanha cultural calcada em séries, filmes e manipulação das pautas de notícias. Além disso, os "*think tanks*" de direita, centros de produção de estatísticas encomendadas e "teorias" sociológicas enviesadas, garantiram a disseminação da solução penal para as classes baixas.

Assim, uma população bestificada pela avalanche de programas televisivos como os nossos "Aqui e agora", "Brasil Urgente", "Programa do Ratinho" passou a achar normal a violência seletiva de um sistema repressivo voltado preferencialmente para os pobres.

A "guerra ao crime" vem, portanto, atrelada não somente ao pacote de reformas neoliberais. Vem no bojo de um projeto de governança reacionário e antidemocrático, e se apresenta como a resposta, como a solução à marginalidade e à pobreza criados por suas próprias mãos.

Note-se que, no Brasil, o Estado de São Paulo representa esta tendência desde há muito. Em 1994, havia 45 mil presos em São Paulo. Hoje, em 2017, são mais de 300 mil. Expansão que se explica não pelo aumento geométrico de crimes, mas por políticas especialmente repressivas e pela privatização da gestão do sistema carcerário, projeto já encampado pelo governo Temer, por exemplo.

Se aprovadas as reformas propostas pelo golpe, o país verá explodir não só o número de pessoas pobres, desempregadas e miseráveis, como assistirá a sua transformação em presidiários e marginais, que longe de receberem tratamento ou assistência social, serão "gerenciados" com porrada. Bem ao estilo do que ocorreu em São Paulo, sob os auspícios dos mesmos que estão alinhados com o golpe. O que estes desejam é transformar o Brasil numa imensa cracolândia. E o pior é que isto está longe de ser exagero.

(12/06/2017)

BRASIL PÓS-TEMER: EXTREMISMOS, PODER GROTESCO E GEOPOLÍTICA DA EXCEÇÃO

Um golpe de Estado é bem-sucedido se, para além da falta de resistência do povo, consegue criar apatia e medo. Desemprego, crise econômica, instabilidade jurídica e descrença na política são os adubos que se enraízam a cada dia que passa nos corações e mentes dos que assistem ao país ser vandalizado.

O medo gera a angústia, que gera também a radicalização. Este fenômeno não é nem único, nem recente. Atinge em geral indivíduos das classes médias, frustrados com um horizonte de expectativas sem dinheiro e sem glória. Futuro completamente distinto das promessas fáceis do Brasil que embalava o golpe, pintado de verde e amarelo.

Hannah Arendt anota que, sob uma ditadura, os valores "morais" muitas vezes tidos como tradicionais e arraigados são volatilizados com extrema facilidade.

Na Alemanha sob o regime de Hitler, por exemplo, a moral da unidade familiar foi substituída, depois de propaganda massiva, pelas necessidades reprodutivas do sangue ariano, numa promiscuidade transformada em razão de Estado. O não matarás transmutou-se em sim, matarás. A barbárie, que vai além da situação de guerra, é um resultado cuja responsabilidade pode ser compartilhada com os que assistem a ela impávidos ou omissos.

A situação psicológica do "classe média" que se compreende como burguês, reproduzindo o espírito do capitalismo sem perceber que alimenta a sua própria exploração é, de certa forma, trágica. Na atual toada, este personagem, engrenagem importante do golpe, se verá em breve desejando a exploração da própria escravidão.

Uma "Uberização" do trabalho que já é perceptível nas ruas das grandes capitais. Serão esses os nossos oxímoros, os novos "pobres de direita", como dizia Tim Maia. Alguns se desviarão para a irracionalidade e o ódio extremista. E, ao contrário do que foi ardentemente sonhado por este setor, o Brasil nunca será tão parecido com o Oriente Médio. Ou com a Venezuela.

* * *

Por outra perspectiva, um golpe de Estado bem-sucedido amplifica o caráter grotesco do poder. O grotesco aqui utilizado como conceito político. Foucault anota que o exercício do poder é grotesco quando se realiza através de indivíduos medíocres ou claramente incapazes para a função, mas que a executam produzindo todas as suas consequências graves e incontornáveis, como a morte, a devastação econômica e a prisão.

O grotesco é perfeitamente exemplificado na figura temerária de um "presidente" tampão e ilegítimo. Figura risível e de uma retórica vazia. Tem, porém, força de lei, de sua caneta saindo atos danosos e, muitas vezes, definitivos.

As consequências da atuação do poder grotesco de Michel Temer, que por suas intenções inconfessáveis – embora notórias – produz repulsa e ceticismo, atingirão a vida política do país para além de seu breve tempo de governo.

Não me refiro aqui somente a todos os desmontes sociais, econômicos e constitucionais que testemunhamos incrédulos, mas à prática institucional, à dinâmica de submissão a uma agenda e a uma atividade degradadas nos altos escalões da administração e que atingirão eventuais governos democráticos no futuro. As práticas institucionalizadas fora da regra, os tais "códigos não escritos" que a sociologia e a antropologia tanto estudam, são muito mais difíceis de serem extirpados que os valores da moralidade classe-mediana.

* * *

A crítica aqui, frise-se, não é do tipo "corrupção na política". A corrupção do poder no Brasil, hoje e sempre, é a mera realização especular de interesses privados, majoritariamente ancorados no mundo volátil do capital – seja o do latifúndio escravocrata de antes ou o financeiro internacional de agora.

Colocar a culpa do desastre econômico, político e social que vivemos no grotesco presidente não pode ser uma desculpa para deixarmos de olhar para nós mesmos e, do mesmo modo, para aqueles que não querem mostrar a sua face.

Numa sociedade de tradição autoritária e com uma gênese escravista, a corrupção da política é um reflexo dos interesses e das pulsões que movem o corpo social. Há que se aceitar e lidar com este fato.

Mas, se não existe uma separação entre a ação corrompida de Estado e interesses sociais privatizados e se a responsabilidade por Temer também é nossa, o quinhão dos que, de fora, querem desestabilizar a nossa ordem para a rapinagem, também não é pequeno.

Sofremos as consequências de uma geopolítica da exceção. Sob a retórica de que é preciso aprofundar a democracia, golpes de Estado são cevados em várias regiões. E onde há petróleo, há golpes de Estado já ocorridos ou em andamento.

O nosso não é diferente. Como lembra Poulantzas, o capitalismo lida maravilhosamente bem com ditaduras, às vezes melhor que com democracias. O que pensar então de uma democracia de fachada, manietada por interesses do capital internacional?

A geopolítica da exceção avança no mundo tentando contornar o poder da legitimidade popular. O sufrágio universal, hoje, volta a ser combatido. A representação, uma quimera burguesa a significar igualdade e cidadania, perde espaço a cada dia. No lugar do voto, o mando das burocracias – judiciais, inclusive.

* * *

No Brasil pós-golpe, estamos arriscados a viver uma dinâmica política rebaixada. A institucionalização do casuísmo, sacramentada pelo grotesco regime de rapina de Temer, dificultará em extremo a estabilidade de quem o sucederá. Até porque, a propaganda dos meios de comunicação de massa, por mais intensa e repetitiva que seja, não suplantará a falta da legitimidade: a ausência da pluralidade democrática, soterrada desde já e antes mesmo das eleições de 2018, garante, de saída, uma sucessão ilegítima.

O nosso *day after* poderá ter o sabor de ressaca. Sob tal perspectiva, o costume do toma lá dá cá, a norma orientadora do atual regime, pairará durante um bom tempo sobre os espíritos nada republicanos dos representantes do capital na arena pública. E o Brasil será sistematicamente dilapidado.

Neste cenário medonho, os extremismos finalmente encontrarão solo fértil. É um pós apocalipse onde não estaremos livres de uma intervenção externa menos *soft*. Afinal, uma república de bananas é a porta aberta para os aventureiros de plantão.

À deriva, como na *Jangada da Medusa*, de Géricault, estaremos então sob a expectativa e sob a esperança do resgate. Mas quem ou o que virá? E se vier, chegará a tempo?

Tudo isto já pode ser vislumbrado hoje. Olhar para um futuro em que o desastre se alarga e se multiplica, talvez permita entender que é preciso ampliar e aprofundar a luta e o debate agora.

(30/08/2017)

CONDIÇÕES E LIMITES PARA A DISPUTA POLÍTICA EM 2018

Situação

Por maiores que sejam as críticas ao PT, não se pode contornar o fato de que os seus anos no poder comportaram o firme propósito de erradicar a pobreza, minorar a desigualdade social, ampliar o acesso à educação pública e gratuita, inaugurar uma política de relações internacionais multipolar e fazer mover um projeto de desenvolvimento estratégico – este último limitado por derrapadas na ortodoxia econômica.

Um dos maiores erros do partido no poder foi não fazer o que a oposição nunca cansou de o acusar: aparelhar a máquina estatal com pessoas alinhadas política e ideologicamente. Os casos mais bizarros, o STF, a PF e o MJ. Este "aparelhamento", amparado pela Constituição, é republicano e sempre foi religiosamente seguido por todos, menos pelo PT. Este descuido inconsequente já se sabe onde deu.

Uma das máximas universais da política, da *realpolitik*, é que o supremo e maior erro que se pode cometer é perder o poder.

A derrota multifatorial do PT, que fez soçobrar a democracia e a regularidade normativa das instituições, jogou o país num mar de incertezas que pode durar décadas. E com consequências ainda imprevisíveis.

Em menos de dois anos de regime Temer, já se ouve falar até em privatização da água, dentre outras coisas bizarras e inimagináveis até muito pouco tempo atrás.

Neste cenário de hecatombe, qualquer vitória da esquerda, por menor que seja, é o que se deve não somente buscar, mas aplaudir. A derrota na política deve ser contornada o mais rápido possível.

Esperar que haja musculatura política suficiente e uma congregação de princípios e percepções progressistas espraiados pelo corpo social é uma atitude correta e deve ser procurada. Mas provavelmente, hoje, ainda é um movimento irreal, dado o contexto de captura dos agentes políticos pelos interesses econômicos dominantes e dado o caldo cultural que nos alimenta, sob o patrocínio dos mais variados instrumentos de manipulação e desinformação.

Cenários futuros

Diante deste contexto altamente tóxico, o PT, através de seu maior quadro, tem legitimidade de sobra para a disputa eleitoral. E tem serviços prestados suficientemente conhecidos para procurar alianças, se achar que deve e se for necessário.

O capitalismo financeiro compreende que a fragilização do Brasil é um grande ativo para a expropriação e para a rapinagem. Assim, quanto maior a incerteza de 2018, mais condições se darão para que se aprofunde o butim já em curso.

Não há hipótese do PT se abster de lutar por uma candidatura competitiva, seja qual for o cenário que se apresente. E isto é importante, inclusive, para se manter a possibilidade de existência das eleições de 2018.

Uma mobilização popular de vulto, expressa nas pesquisas eleitorais, pode e deve tornar as eleições de 2018 incontornáveis. Assim, se e/ou quando for o caso, o partido deverá fazê-lo com o mais amplo espectro de apoios que possa angariar.

Afinal, lutar contra a barbárie anunciada – seja qual a figura abjeta a encarná-la – é fundamental.

As alternativas ao PT ou a uma aliança majoritariamente de esquerda, vão desde o bizarro (Dória, Bolsonaro) ao plutocrático (Huck, Marina) (bizarro e plutocrático são complementares e não excludentes), passando pela direita tradicional (Alckmin) ou pelo centrismo reformista (Ciro).

Deste quadro de alternativas, somente Ciro Gomes pode ser considerado como um candidato passível de aproximação à esquerda, num cenário onde o PT não dispute com candidato próprio. Some-se a isto o fato de que não há candidato no PT com a sombra da viabilidade eleitoral de Lula, nem que esteja apto a receber a transferência de votos de uma Dilma – caso excepcional e de um momento histórico diverso.

Portanto, se há condições para Lula virar o barco do golpe, elas podem somente se dar sob um quadro de alianças.

Pois embora o PT, sozinho, seja hoje menor do que já foi antes do golpe, Lula ainda pode ser capaz de operar o milagre do renascimento que abale as placas tectônicas que se armaram para a sua cassação. Afinal de contas, setores do PMDB e de outros partidos ao centro e à direita ainda dominam as burocracias que podem contornar a caça a Lula.

Ainda assim, a situação segue indefinida no que respeita às condições de enfrentamento daqueles que desejam a inviabilização de Lula ou das eleições.

Isto significa que, com ou sem Lula, podemos ter pela frente o aprofundamento do golpe, com o parlamentarismo. E isto, caso os representantes do capital não encontrem candidato eleitoralmente viável e/ou caso percebam que, sem Lula na disputa, uma aliança de centro-esquerda não gere mobilização suficientemente capaz de inibir novo golpe.

Com ou sem Lula, ainda podemos ter Bolsonaro (se Alckmim não crescer com a propaganda eleitoral, que o favorece pelo tempo de exposição). Isto porque Lula pode ser cassado antes, durante ou depois da campanha. O segundo lugar, num eventual segundo turno com Lula, pode ser virtualmente o próximo presidente. O golpe seria aqui mais sutil: ao invés do parlamentarismo, manter-se-ia a inviabilização judicial com a cumplicidade do STF.

Ambas as alternativas de golpe (parlamentarismo, inviabilização judicial da candidatura de Lula) são arriscadas, tanto mais quanto se consiga ampliar o espectro de apoio a uma candidatura majoritária de esquerda ou centro-esquerda.

Mas se a ampliação do apoio a uma candidatura antigolpe não ocorrer e um dos golpes acontecer, entraremos num longo período de trevas. Nos encontraremos sem candidatos legitimados pelo voto ou mesmo capazes de galvanizar o país para um projeto com mínimo compromisso popular.

Neste cenário, nem Ciro figuraria capaz de consolidar preferências. Isto porque, como o Eduardo Campos de 2014, Ciro, sozinho, pode não conseguir furar o teto dos 10% de intenções de voto.[1]

Assim, uma eventual aliança do PT com Ciro, numa situação de eleições sem Lula, ou mesmo quaisquer alianças que favoreçam uma vitória de centro-esquerda, não podem e não devem ser descartadas.

Que fazer do perdão de Lula aos golpistas

Por fim, feitas estas considerações acerca da conjuntura volátil a que estamos submetidos hoje, e depois de argumentar sobre a necessidade de encararmos 2018 com a gravidade que o momento político exige, leio com sobressalto análises segundo as quais Lula errou em perdoar os golpistas.

Conforme se argumenta, Lula não deveria dar a outra face, num movimento que seria de subserviência quase cristã aos seus algozes. Isto

1 Eduardo Campos, candidato a presidente em 2014 pelo PSB, tinha Marina Silva como Vice na chapa, visto que ela não conseguiu emplacar a aprovação de seu novo partido, a Rede, na época. Campos faleceu tragicamente em um acidente aéreo mal investigado e explicado até hoje, às vésperas das eleições de 2014, quando tinha cerca de 8% das intenções de voto. Marina Silva alçou ao posto de cabeça de chapa com a morte de Campos e, pelas intenções de voto que já acumulava desde as eleições de 2009, ameaçou diretamente a reeleição de Dilma Rousseff no pelito de 2014, coisa que Campos não teve condição de fazer, desde o começo.

representaria uma eventual vitória desmoralizante, desarticulada dos movimentos populares que fizeram frente até agora ao golpe. A esquerda estaria, assim, fadada à submissão aos mesmos responsáveis pela destituição de Dilma Rousseff.

Ilegítimo o perdão, restaria às esquerdas um processo de maturação capaz de, num futuro incerto, permitir o avanço consistente e altivo de pautas libertadoras e progressistas.

Quase a metade dos eleitores apoiou a fatia do espectro político que estimulou o golpe de Estado. Parte relevante desses eleitores pode estar percebendo os variados engodos do golpe. Neste cenário em que é possível se conquistar novos corações e mentes, a atitude rancorosa e revanchista do não perdoar parece improdutiva e antipolítica. Até porque ampliar o leque do eleitorado, nestas condições históricas, torna-se mesmo uma atitude revolucionária, que pode levar a esquerda a recuperar o poder.

Sabe-se que o golpe não foi dado em 2016 para se devolver o poder em 2018 a um projeto nacional-popular, viável eleitoralmente e capaz de recuperar o que foi e o que está sendo roubado do país.

Portanto, contra a leitura no mínimo desinformada e ingênua de que Lula não deve perdoar os golpistas, ficam registradas estas observações.

Durante o processo de escritura deste texto, me deparei com um esclarecedor artigo de Bepe Damasco.[2] Ele me poupou de ter que argumentar mais sobre o tema, pelo que, indico fortemente a leitura. Como diz o autor, haja paciência!

(14/11/2017)

---

2 DAMASCO, Bepe. Haja paciência para o pânico petista na internet. Disponível em: http://blogdobepe.com.br/index.php/politica/item/1778-haja-paciencia-para-o-panico--petista-na-internet. Acesso em: 12 nov 2017.

CRIMINALIZAÇÃO E ASFIXIA DA UNIVERSIDADE PÚBLICA

Começa a se desenhar com mais clareza o modelo Temer de intervenção nas Instituições Públicas de Ensino, especialmente na Universidade brasileira. A história das intervenções nas instituições de ensino federais é conhecida. Pode-se falar, inclusive, de três "ondas" interventivas nos últimos 40 anos.

A primeira delas, sob a ditadura empresarial-militar, inicia-se de forma organizada e burocratizada com a institucionalização das ASI's (Assessorias de Segurança de Informação), controladas pelo SNI (Serviço Nacional de Informações), seu órgão de inteligência.

As ASI's foram instaladas nas Universidades a partir de 1969 e tinham como funções controlar, denunciar e prevenir atividades contrárias ao regime. Faziam isto infiltrando agentes, controlando a admissão, exonerando, perseguindo ou mesmo matando alunos, professores e funcionários (caso exemplar foi a perseguição e desaparecimento do aluno da Faculdade de Direito da UFF Fernando Santa Cruz, com a colaboração da ASI). Além disso, as ASI's monitoravam atividades culturais, acadêmicas, associativas, sindicais e políticas nas Universidades.

A ditadura tinha um projeto claro de privatização das Universidades que só foi barrado graças à articulação e mobilização política do corpo universitário, em especial do movimento estudantil. De um lado a estratégia era precarizar as condições de ensino e, de outro forçar a privatização – em especial, a cobrança de taxas e mensalidades.

Este projeto privatizante soçobrou com o movimento pela abertura política, gerido por uma articulação entre lideranças políticas, sindicatos e a própria Universidade.

Uma segunda onda de intervenção se deu sob os dois governos de Fernando Henrique Cardoso, em meados dos anos 1990. Ali o objetivo era estrangular o financiamento público das Universidades, sucateá-las e evitar seu crescimento ou mesmo manutenção – não havia sequer verba de custeio básico, ou autorização para concursos públicos: professores e funcionários aposentados não eram substituídos, por exemplo, e boa parte da atividade de ensino era realizada por professores temporários, os substitutos, ou por alunos da pós-graduação.

Paralelamente ao sucateamento do ensino público federal, viu-se uma expansão vertiginosa de cursos universitários privados, estimulados pela facilitação e flexibilização extremas da legislação regulatória.

Paulo Renato, o Ministro da Educação de FHC, comandou um processo frenético de autorizações de cursos universitários, a maioria deles sem a mínima condição acadêmica de operação. Havia até o comércio de aluguel de bibliotecas e laboratórios de informática para que os cursos fossem aprovados pelo MEC.

Durante os governos Lula e Dilma, houve uma retomada do crescimento do financiamento público do ensino superior e a criação de novas unidades, mas o projeto de privatização do ensino não deixou de prosperar, com o financiamento público para o preenchimento de vagas nas instituições privadas, por exemplo. Mas ali não se tratou propriamente de uma intervenção no sentido do desmonte das instituições, como nos períodos anteriores. As Universidades e as IFE's em geral viveram um período de investimentos e crescimento.

Hoje, assistimos a terceira onda de intervenção no ensino público. Como as duas ondas anteriores, esta também tem como objetivo central a privatização e o sucateamento. Faz isto também com corte de verbas, como no governo FHC.

A novidade desta terceira onda, a onda de intervenção do regime Temer, é que ela está se configurando não somente pela asfixia financeira (como, paradigmaticamente, já está acontecendo com a UERJ, no Rio de Janeiro), mas a partir da criminalização do corpo universitário como um todo.

A estratégia é utilizar-se do discurso do combate à corrupção para perseguir e neutralizar as lideranças acadêmicas, causar medo, e mesmo terror, no corpo universitário e fazer passar as reformas privatizantes sem que seja possível se articular reação dentro das instituições.

A "condução coercitiva" do Reitor da UFSC em setembro – que gerou o seu suicídio –[1] e a nova investida repressiva contra o reitor e a vice-reitora da UFMG são a ponta mais visível de um iceberg que tem crescido nos últimos meses. Um conjunto não articulado de processos judiciais, investigações criminais e intervenções está tomando corpo nas Universidades e Instituições Federais de Ensino.

Este movimento, inspirado e autorizado pelas práticas ilegais inauguradas pela "Operação Lava Jato", se realiza a largos passos pelas instâncias repressivas de sempre, com a Polícia Federal, a CGU, o TCU e o Ministério Público Federal à frente, comandados, como lembra Luiz Nassif,[2] pelo Ministro do STF e ex-garantista Luiz Roberto Barroso.

A onda de intervenção no ensino público do regime Temer está obviamente alinhada com a criminalização da política e com o esvaziamento do poder legislativo, projeto tão usual em regimes autoritários. Conta com o apoio entusiasmado do principal beneficiário político deste processo, o próprio Judiciário.

Até mesmo um dos maiores intelectuais brasileiros, que historicamente defendeu a agenda do ativismo judicial e a judicialização da política, o professor Luiz Werneck Vianna aponta,[3] para os seus leitores de

1 Objeto de artigo específico na segunda parte deste livro.

2 NASSIF, Luiz. A ditadura ataca agora a UFMG. Disponível em: https://jornalggn.com.br/justica/a-ditadura-ataca-agora-a-ufmg-por-luis-nassif/. Acesso em 06 dez 2017.

3 VIANNA, Luiz Werneck. A sucessão e o novo espírito do tempo. Disponível em: https://opiniao.estadao.com.br/noticias/geral,a-sucessao-e-o-novo-espirito-do-tem-

extração conservadora do Estadão, os perigos iminentes da ditadura do judiciário.

Neste meio tempo, a inteligência do país começa a caminhar lenta, mas decisivamente, para trás das grades.

(06/12/2017)

---

po,70002105791. Acesso em: 03 dez 2017.

INTERVENÇÃO MILITAR NO RIO É INTERDIÇÃO NA DEMOCRACIA

O Rio de Janeiro assiste, estupefato, a chegada de Michel Temer e sua trupe para a grande farsa da intervenção militar. Assumidamente uma medida de exceção, que suspende a jurisdição civil sobre ações realizadas pelas agências de segurança, a intervenção de Temer brinca com a esfarrapada desculpa do "caos" e da "violência".

É um movimento tão canalha que remete claramente não só às intervenções da Ditadura Empresarial-Militar de 1964, mas que alude, talvez com maior paralelismo histórico, aos estratagemas dos governos da Primeira República (1889-1930). Naquele momento, o país também não dispunha de um projeto nacional, mas de um acordo velhaco que garantia a divisão do poder entre os Estados mais influentes através de um federalismo interventor.

Diferentemente do que dizem historiadores com plumagens tucanas, a Primeira República, assim como o regime Temer, nunca significou a superação do autoritarismo (seja o do Império, seja o do "Estado-Novo do PT") ou da corrupção, mas sim o seu aprofundamento subalternizado a interesses oligárquicos, no primeiro caso, e exógenos, no segundo.

Assim, mais que uma manobra para suspender a votação da reforma da previdência, ou um "ensaio" macabro para a normalização de intervenções futuras, a medida de exceção de Temer é uma importante etapa da estratégia de controle dos interesses que sustentam o regime.

A intervenção representa, nesse sentido, um artifício global para reforçar a gerência sobre economias politicamente periféricas, como está se tornando o Brasil. Intromissão internacional que se insinua diariamente pelos *soft powers*, isto é, pelos instrumentos de criação artificial de opinião (incluindo produtos culturais de massa como Netflix e quejandos), ela visa a derrubar a nossa autonomia protodemocrática. Para tal, gera desestabilização econômica e social, fragilização das instituições e criminalização da classe política. Tudo para subordinar o poder nacional a instâncias não-governamentais e internacionalizadas.

A intervenção militarizada por força de decreto inconstitucional prenuncia uma sabotagem na forma de governo democrático que aprofunda o golpe no mandato de Dilma Rousseff, porque é uma sabotagem capilarizada, que atinge o poder local, que inviabiliza qualquer articulação ou tentativa de resistência. Da mesma forma que as intervenções nos Estados durante a Primeira República.

A intervenção de Temer, portanto, não vem para confirmar a incompetência ou o descontrole de Pezão, governador do Rio, mas para reforçar o padrão de desprezo pela autonomia do político sobre outras esferas não majoritárias, como a judicial ou a econômica. A intervenção inconstitucional de Temer avisa, mais uma vez, que a época da política, da força do processo democrático, do respeito aos mandatos eleitorais, chegou ao fim.

A intervenção de Temer, nesses termos, é um símbolo a prenunciar que a destruição surreal que o país sofreu nesses quase dois anos desde a destituição de Rousseff ainda não alcançou o seu ápice.[1]

A nossa tragédia é que talvez a única reação política viável diante

1 Menos de um mês depois de publicado este artigo, em 14 de março, a vereadora Marielle Franco foi barbaramente assassinada no Rio de Janeiro por um grupo de milicianos ligados ao "Escritório do Crime", comandado pelo Ex-integrante do BOPE Adriano da Nóbrega. Marielle teve uma ascensão meteórica na política. Foi uma das mais aguerridas críticas à intervenção militar no Rio e uma das mais brilhantes políticas de sua geração. Nóbrega foi também assassinado numa óbvia queima de arquivo no interior da Bahia, tempos depois. Até hoje, os mandantes desse bárbaro crime político não foram devidamente identificados. Todos os indícios do mando do crime levam, entretanto, ao condomínio de Jair Bolsonaro, na Barra da Tijuca, onde foram apreendidos 117 fuzis na casa de um ex-policial, envolvido no homicídio de Marielle.

desse quadro – onde a voz das ruas não conta mais, e onde uma greve geral parece não entrar nunca no horizonte de resistência –, teria que vir do Congresso, como uma CPI da Lava Jato, por exemplo.

O problema não reside apenas na inviabilidade política da reação do Legislativo acontecer, e a tempo, mas do fato de que as lideranças políticas dos principais partidos (incluindo aqui 23 Senadores do PMDB, PT, PSDB e outros), e não somente Lula, sobrevivem sob a espada draconiana da nossa Justiça Lava Jato.

Talvez a imagem que mais capte este dia de tristeza seja a da – a meu ver – campeoníssima Escola de Samba Tuiuti, ao representar um povo por um lado bestializado, a bater panelas para a sua própria desgraça e, por outro, escravizado, submetido a um presidente-vampiro que suga a democracia do país e o leva para tempos cada vez mais sombrios. Será que Temer, depois do *mise-en-scène* do anúncio da intervenção, assistirá ao desfile das Campeãs hoje à noite? Se o fizer, mais uma vez a realidade fantástica superará a carnavalização da política.

(17/02/2018)

MINISTÉRIO DA CENSURA SOB TEMER

Vinculado ao movimento Escola sem Partido, o Ministro da Educação de Temer resolveu avançar sobre o Professor de Ciência Política da UnB, Luís Felipe Miguel, por conta de sua disciplina optativa de graduação, denominada "O golpe e o futuro da democracia no Brasil" a ser ministrada neste primeiro semestre letivo de 2018.

Declarou o Ministro Mendonça Filho que

> "Está claro que não houve base científica na criação desse curso. Contraria as boas práticas da educação. Alguém não pode ter uma ideia ou uma opinião e simplesmente oferecer dentro de uma universidade 1 curso. [sic]"

E por conta desta postura iluminada, resolveu criminalizar o feito – ou, ao menos, judicializá-lo – pela mobilização do Ministério Público Federal no Distrito Federal, da Advocacia Geral da União, da Controladoria Geral da União e do Tribunal de Contas da União, segundo vários artigos jornalísticos na grande imprensa.

O objetivo é claro: procurar ilegalidades e "responsabilizar" os envolvidos, inclusive as chefias e a própria UnB. Contra o "aparelhamento", a caça às bruxas: "Estão transformando o curso numa extensão do PT e dos seus aliados", afirma o ilustríssimo.

Seria um discurso risível se não emanasse de uma autoridade com poder para realizar a violenta intervenção que anuncia. Risível, porque tosco, primário e cientificamente equivocado. Ao mesmo tempo, um discurso que pode provocar, sem muita dificuldade, a punição de profissionais da educação sem que eles tenham condição, em igualdade de armas, de defender seus direitos, dado o alinhamento político entre a cúpula do Poder Executivo, do Judiciário e os conglomerados de comunicação de massa.

É um discurso inconstitucional que tende a gerar mais arbitrariedades, especialmente no nosso mundo sem parâmetros normativos, ou nesse nosso país pós-jurídico, inoculado pelo modus operandi Lava Jato.

Independentemente do conteúdo ministrado na disciplina do Professor Luís Felipe Miguel, é preciso dizer, de saída, que o Ministro da Educação não tem competência constitucional para invadir o campo juridicamente protegido da autonomia universitária (Art. 207 da CF) e da liberdade de cátedra (Art. 206 e incisos, da CF), incluindo aí o princípio do pluralismo de ideias.

Controles institucionais complexos e sucessivos – como concursos de provas e títulos, avaliações periódicas de produtividade e o controle social do campo de atuação docente, como congressos, seminários e encontros associativos – já se encarregam de verificar reiteradamente a competência formal e material de um professor que alcança na carreira a titularidade na área.

Assim, um governo constitucional, que não tem problemas de afirmar sua legitimidade e legalidade, não deve se importar com críticas e análises políticas características da tradição da disciplina Ciência Política. A formação crítica e questionadora dos arranjos institucionais, a avaliação das dinâmicas governamentais, o exame da legitimidade, dos fundamentos da ordem política, da origem espúria ou não do poder, são todos objetos de estudo consagrados da área. O seu questionamento revela, no mínimo, ignorância.

Mas, olhe-se para o caso concreto, um regime político considerado espúrio pela própria Associação Brasileira de Ciência Política (ABCP) que entendeu, em 2016, o impeachment e seus desdobramentos como uma "ruptura da legalidade democrática".

Não seria o caso de sequer entrar no mérito levantado pelo Ministro da Educação, pois a questão da ilegalidade de sua manifestação pública antecede a discussão – de todo descabida, segundo a própria Constituição – sobre o conteúdo proposto pela disciplina.

Suponhamos, por um segundo, uma avaliação externa da disciplina do professor Luís Felipe Miguel. Lida por qualquer cientista político de boa-fé, seria considerada, provavelmente, uma excelente introdução ao debate sobre a democracia brasileira, com a utilização de variados textos de autores consagrados e mesmo clássicos da área.

Mas esta avaliação deve situar-se no lugar da mera opinião, sem nenhum cunho legitimatório ou, se fosse uma avaliação negativa, formalmente contestatório. Seja em que instância for. Isto porque os controles normativos e institucionais já foram devidamente exercidos para que a referida disciplina fosse ofertada regularmente pela Universidade.

Em assim sendo, a própria manifestação do Ministro Mendonça Filho é que deve ser escrutinada pelos órgãos competentes, por ser manifestamente inconstitucional, provavelmente ilegal – isto mesmo, ilegal, por denotar ameaça a direitos assegurados ao professor e à própria UnB –, antidemocrática e antipluralista.

Esta fala infeliz do Ministro Mendonça Filho, produzida por quem deveria zelar pela educação e não pela sua censura, é que deve ser repudiada e denunciada pela intelectualidade brasileira.

É ela que deve ser investigada pelos órgãos de controle.

É ela que entrará nos anais da história como uma excrescência característica dos regimes de exceção, frutos de golpes e de seus correligionários prenhes de ignorância e raiva, em especial, por se saberem ilegítimos e materialmente incompetentes para ocupar os cargos que ocupam.

(27/02/2018)

MORO MENTIU: ANOTAÇÕES MAQUIAVELIANAS SOBRE O MINISTRO DE BOLSONARO

A obra máxima de Maquiavel não é *O Príncipe*, de 1513 – o seu livro mais famoso –, mas os *Comentários sobre a Primeira década de Tito Lívio*, escrito em 1527 ainda em exílio forçado pela queda da República florentina e pela ascensão dos Médici ao poder.

Ao contrário do que pode parecer numa leitura desatenta d'*O Príncipe*, Maquiavel era republicano de raiz e a sua classificação como um autor moderno se deve às teses desenvolvidas nos Comentários, onde advoga que a saúde das repúblicas se alcança através da moderação institucional dos conflitos entre os interesses do povo e os dos governantes.

A magistratura acessível, o Tribunato da Plebe, seria o canal de deságue das insatisfações públicas. O direito de acusar os que atentam contra a liberdade é uma espécie de válvula de escape das tensões sociais, uma instituição que favorece "a explosão regular dos ressentimentos".

Estas tensões, quando bem encaminhadas, são compreendidas pelo florentino como altamente positivas para as finalidades republicanas da liberdade, felicidade e grandeza. "A desunião entre o povo e o Senado", argumenta, "foi a causa da grandeza e da felicidade da república romana".

Muito antes de Marx, portanto, Maquiavel desenvolve uma espécie de "sociologia do conflito" como uma dinâmica funcional à vida política da cidade, dando protagonismo ao povo, sujeito de virtudes tão admiráveis como as dos príncipes de seu primeiro e mais incensado texto político.

Alarga ali também a tese de uma espécie de "burocracia de Estado", instituições duradouras capazes de permitir estabilidade para além dos mandatos dos governantes, que para ele deveriam ser periodicamente eleitos.

Sintomaticamente entende que a ausência ou o mau funcionamento do Tribunato da Plebe como canal de denúncias sobre malversações da coisa pública estimula as calúnias.

Macchia, como o chamavam os mais íntimos, é severo com seu primeiro empregador, Pedro Soderini, para ele o principal responsável pela queda da república florentina. Um Tribunal de apenas oito juízes – organizado por Soderini – não era capaz de conter a ambição dos influentes. Esse "pequeno número se curva facilmente à vontade dos poderosos" e passa a transacionar decisões pelo vil metal.

Como evitar a corrupção? Para o autor, é fundamental diferenciar calúnias de denúncias. A calúnia "dispensa testemunhos e provas: qualquer um pode ser caluniado por qualquer um". Já as acusações "exigem provas exatas, com a indicação de circunstâncias precisas, que demonstram fatos". As calúnias estimulam o facciosismo e levam à ruína do Estado.

No século XVI, temos às claras os alicerces modernos do princípio da legalidade e do devido processo. Maquiavel é, assim, menos maquiavélico do que nos levam a crer seus críticos de orelha.

"Os fins justificam os meios". Esta é uma frase que nunca saiu da pena de Maquiavel. Autonomia e liberdade eram os fins republicanos de toda a sua engenharia política. Se rompeu com a moralidade cristã não foi em nome de uma amoralidade cínica como o acusam. Foi para garantir a república de seus sonhos. Livre da corrupção dos velhacos e digna a ponto de permitir a vontade do povo ter voz.

Nesse sentido, o heroísmo não tem vez na composição conceitual maquiaveliana. Os heróis das tragédias gregas são fadados ao fracasso. Violam em geral as leis da cidade e servem como pedagogia, como reforço à obediência dos que pensam em romper o direito.

Antígona, Medéia, Hécuba, Édipo. São variados e extensos os exemplos dos que acreditam ser deuses a pairar impunes pela realização de seus desejos sem limites. Heróis, diferentemente dos quadrinhos contemporâneos, são modelos de sofrimento e penúria, de soçobro e derrota perante a ordem da cidade. A cidade, inclusive, os utiliza como exemplos do que não fazer.

Os heróis refletem o desejo de poder sem limites característico dos tiranos, outro arquétipo dos antigos, bem conhecido pelo Macchia.

Sempre que aparecem, os heróis antecipam a catarse trágica que ameaça de submersão a cidade. Têm, todos, pés de barro. A cidade triunfa, sempre, ao final. Mas qual cidade sobra? O principado autoritário ou a república livre? O desfecho permanece em aberto.

As denúncias produzidas em cascata pelo *The Intercept* contra a “Operação” Lava Jato têm o condão de destruir os alicerces do golpe que atingiu de morte a nossa república.

Os acusados e a *Rede Globo* tentam transformar os vazamentos em calúnias, mas o resto da imprensa já está dimensionando o tamanho do estrago e adere sem reservas ao maior escândalo da história do judiciário brasileiro sob a república de 1988.

A desculpa de *hackers* invadindo celulares para adulterar mensagens é estapafúrdia e fere a lógica.

Os vazamentos demonstram fartamente, e se imagina a fartura que ainda está por vir, o verdadeiro e fraudulento esquema que se armou em Curitiba, sob os auspícios da lei, para perseguição política do ex-presidente Luiz Inácio Lula da Silva.

A torcida insana pelos heróis de Curitiba sempre antecipou o fato de que se sabia que estes deveriam justificar os meios pelos fins, ou seja, violar a ordem para entregar o prêmio, desejado em frêmito de ignorância e mediocridade.

Calunia-se a torto e a direito. O país afunda-se em *fake news*. Como disse Maquiavel, sob o controle das calúnias, os caluniadores são premiados em reinados execráveis, onde predominam os medíocres.

Medíocres os há em todos os lados.

Nesses tempos de calúnias lançadas ao léu, li estarrecido professores de processo afirmarem ser um juiz parcial controlando procuradores o equivalente a provas de origem duvidosa utilizadas para inocentar réus condenados. São alcances óbvia e inteiramente diversos num caso penal. Um juiz parcial anula inteiramente o processo, enquanto provas que inocentam o réu – mesmo se obtidas ilicitamente – preservam o princípio da presunção de inocência, uma garantia cidadã contra o arbítrio.

São tempos de incerteza, instabilidade e agonia. São tempos de mediocridade e mentira. Tempos em que vale mais a torcida pela parte que a verdade dos fatos.

Nesses tempos, a Ministra Damares é uma caricatura perfeita. Sexista, ignorante, delirante, exala seus preconceitos em rede nacional de forma a funcionar como uma blindagem difusa para os malfeitos realizados pela área dura do governo. Enquanto se dissipam os ativos da Petrobrás, discute-se beijo gay e a cor das roupas de meninos e meninas.

Sergio Moro, depois das reportagens do *The Intercept*, está se transformando numa espécie de Damares do mal para Bolsonaro.

Moro começa a rivalizar com o próprio Bolsonaro, em seu desejo infantil – porque inconsequente – de ser presidente. Sua inconsistência rivaliza com a dos terraplanistas e com os defensores da existência das mamadeiras eróticas.

Mas a incapacidade atroz do Ministro da Justiça e Segurança Pública traz uma instabilidade para a sustentação política do governo. A justiça não é a perfumaria que Damares fez do Ministério das Mulheres, da Família e dos Direitos Humanos.

Enquanto Damares deveria estar defendendo a vida de inocentes, Moro deveria estar evitando a morte produzida pelos supostos agentes da justiça. Nenhum dos ministérios está operando funcionalmente.

Tanto mais grave para quem se sustenta pela fama de herói contra a corrupção. Moro se revela, dia a dia, vazamento a vazamento, como o maior caluniador da república de Curitiba. Caluniador incapaz de trazer paz e segurança para o país, se esses vazamentos se confirmarem.

Sabe-se hoje, segundo o que se vazou ontem, que provavelmente mentiu no Senado, ao afirmar que não houve consequência de seu "conselho" para substituir Procuradora supostamente inábil para arguição.

Não somente o conselho foi ouvido por Dallagnol, como foi executado pelos procuradores a ponto de que a escala dos que participariam da arguição da audiência de Lula foi alterada, com a exclusão da Procuradora incompetente – incompetente segundo o juiz da causa.

Moro aparentemente mentiu de forma descarada ao Parlamento brasileiro. Mas a prevaricação (interesse pessoal em atos de ofício) e a advocacia administrativa (patrocínio de interesse privado valendo-se da condição de funcionário público) supostamente comprovadas pelos vazamentos não são o pior em andamento para o ministro em vertigem.

Desconfia-se – vide reportagem do GGN –[1] que sua esposa, Rosângela Moro, pode ter sido beneficiada por Marlus Arns, seu sócio, em delações negociadas com réus da Lava Jato que pagaram caro para permanecerem livres, como Tacla Durán. Se se prova esta grave acusação, trata-se de corrupção da grossa. E o herói não vai ter Jesus na goiabeira que salve.

Aparentemente de forma distinta do que sugere o Maquiavel n'*O Príncipe*, *The Intercept* resolve fazer o mal aos poucos. Ou será que fez o mal de uma vez ao denunciar as mentiras da Lava Jato e, agora, derrama a conta-gotas o bem da verdade que pode salvar o país da desgraça de uma débâcle institucional nunca dantes experienciada?

Certamente modernos como o velho Macchia, ansiamos pela cura dos males de nossa república. Desejamos a liberdade de todos aqueles submetidos aos desvarios da tirania de toga. Mesmo os maus e corruptos. Porque uma falsa condenação vale menos que uma nota de três reais. Há de se preferir dez Eduardo Cunha soltos que um Lula preso.

---

1 NASSIF, Luiz. Os diálogos de Moro e Dallagnol sobre Tacla Durán. Disponível em: https://jornalggn.com.br/justica/os-dialogos-de-moro-e-dallagnoll-sobre-tacla-duran-por-luis-nassif/. Acesso em: 21 jun 2019.

Afinal, uma conduta humanitária vale mais que a força de todas as armas de Roma e demonstra, ao mesmo tempo, a grandeza de qualquer república. Porque os fins não justificam os meios. Já pregava o florentino, mais moderno do que nunca.

(21/06/2019)

O ESTADO POLICIAL DE BOLSONARO

A substituição do Estado de bem-estar social pelo controle penal da população é relativamente recente nas democracias ocidentais. O sociólogo francês Löic Wacqüant denominou o fenômeno de Estado Penal. Suas características foram primeiramente observadas nos EUA, após o boom do sistema carcerário na passagem dos anos 1980. Após a liberação das privatizações, a população carcerária saltou de algo em torno a 300 mil para mais de 2 milhões em menos de duas décadas. A população negra e pobre, antes monitorada por serviços de assistência social e beneficiadas por programas e direitos, passou a ser criminalizada e controlada majoritariamente por mecanismos repressivos.

Esse fenômeno de larga implicação social – hoje 65 milhões de norte-americanos têm ficha criminal – deu origem a um sem-número de estudos analíticos, bases de dados e pesquisas empíricas. Eles fazem ver um movimento coordenado de controle social, econômico e político da população estadunidense a partir do sistema penal, com largo apoio dos meios de comunicação de massa.

A implantação "oficial" de um Estado Penal e de uma cultura do controle passa, portanto, pela legalização, pela incorporação ao sistema jurídico da violência de Estado que sempre operou às claras no país, mas sempre encontrou o inconveniente de ter que fazê-lo ao arrepio da Constituição e da lei. Mesmo sob a Ditadura Empresarial-Militar de 1964, o sistema jurídico teve que operar dentro de determinados critérios. Ele foi forçado a respeitar procedimentos, como os da defesa jurídica, realizada por advogados imbuídos de suas prerrogativas, mesmo em casos mais extremos, mesmo que somente para inglês ver.

A introdução de um novo paradigma penal e processual penal, capaz de eliminar direitos e legalizar a violência de Estado, não se deu de uma hora para outra. Desde os anos 1990 o país tem, aqui e ali, aprovado um tipo específico de legislação extravagante. Aquela que restringe direitos, afronta cláusulas pétreas, retira o processo penal da esfera do controle público e o canaliza para decisões privadas, como a famigerada negociação da culpa.

Este longo processo de reformas legislativas nos legou uma ampliação sensível do sistema carcerário, sem que isto significasse a diminuição da criminalidade. Entre 1995 e 2014, enquanto a população brasileira cresceu de 155 milhões para 203 milhões (21,74%), a população carcerária aumentou de 148 mil para 622 mil (418,25%). Hoje se percebe que com o aumento exponencial de pessoas presas no Brasil, amplificaram-se as organizações criminosas e os dados da violência urbana. Criminalização e violência crescem juntas, apesar do discurso oposto: quanto maior a repressão, mais aumenta a criminalidade no país. A alternativa óbvia, alargar a rede de proteção cidadã, não emplacou nas últimas eleições.

O papel da Lava Jato

Mas o verdadeiro ponto de virada, o momento em que se passou a entender possível que um modelo de controle exclusivamente penal da população fosse implantado, legalizando o que a nossa Constituição considera violações de cláusulas pétreas, foi o acontecimento da "Operação Lava Jato", a partir de 2014.

O protagonismo político e judicial da "Operação Lava Jato" foi um balão de ensaio absolutamente bem-sucedido no sentido de estabelecer um novo padrão de comportamento das agências encarregadas do controle social via criminalização, como o judiciário, o Ministério Público e as polícias. Estes órgãos passaram a operar inconstitucionalmente em uníssono, num modelo corretamente classificado pelo falecido Ministro do STF Teori Zavascki como "medievalesco".

Isto porque ao invés da prevalência de um sistema acusatório (onde há a distinção entre investigação, acusação, julgamento e defesa), a operação funcionou de forma inquisitorial: investigação, acusação e juízo procedendo em conjunto e praticamente impedindo o funcionamento regular e produtivo da defesa. O resultado já se sabe: investigações sem critério, acusações sem fundamento, condenações sem prova.

Nesse sentido, é um truísmo classificar o pacote de alterações penais e processuais penais proposto pelo Ministro Sergio Moro de fascista. E talvez isto seja até mesmo antipático, indicando um enviesamento inconveniente diante de tão grave situação. É fascista, sim, de acordo com quaisquer parâmetros históricos, em especial se comparado o projeto Moro com elementos do Código Penal Fascista italiano ou com a codificação penal e processual penal nazista.

Mas o mais correto seria tentar classificar esse pacote legislativo tecnicamente, segundo os elementos de um Estado Democrático Constitucional de Direito. Aliás, a nossa Constituição se presta exatamente a isto, a permitir verificar as inconstitucionalidades dos Projetos de Lei oferecidos ao Parlamento, como é o caso deste "projeto de lei anticrime" apresentado nesta segunda-feira.

Nesses termos, o "projeto" oferecido pelo Ministro da Justiça contém uma quantidade inédita de inconstitucionalidades, equívocos de técnica legislativa, falta de exposição de motivos, falta de fundamentação em estudos estatísticos (aparenta desconhecer as estatísticas de segurança pública e do sistema de justiça criminal) além de não dar uma resposta sistêmica adequada à questão da violência e deter-se em alterações pontuais do sistema.

Ao violar um sem-número de direitos fundamentais, ao ignorar um universo significativo de pesquisas na área da segurança pública, colabora para o aprofundamento da violência, para a superpopulação carcerária e, paradoxalmente, para a impunidade. Destaca-se no projeto a carta branca para que os agentes de segurança executem indivíduos e não sejam devidamente responsabilizados.

O pacote criminalizador

O pacote legislativo do Ministério da Justiça fragiliza o papel da justiça criminal, ao ampliar os poderes do Ministério público e restringir direitos de defesa. No projeto, MP e PF se transformam em órgãos quase que politicamente independentes de controle externo ou subordinação Constitucional, tantas são as "prerrogativas" criadas, bem nos moldes de violações já conhecidas da "Operação Lava Jato". A título exemplificativo e não exaustivo, seguem algumas aberrações que saltam aos olhos numa leitura inicial:

A execução provisória da pena por condenação em segunda instância viola o art. 5º, inc. LVII da CF, que garante o direito à presunção de inocência até o trânsito em julgado da sentença condenatória.

A criação da "legítima defesa da honra", quando o agente comete excesso de legítima defesa por "escusável medo, surpresa ou violenta emoção". Isto autoriza o feminicídio e demais crimes contra a vida, porque prescinde do elemento objetivo da "injusta agressão, atual ou iminente". A excludente de ilicitude é ampliada através desses critérios absolutamente subjetivos.

Os agentes policiais passam a estar em situação de legítima defesa em ambiente de "risco de conflito armado", ou seja: mesmo não havendo conflito armado, é possível que policiais "abatam" "suspeitos" e permaneçam em situação de legítima defesa. É o que se está chamando de "lei do abate", ou autorização para execuções sem processo.

A ampliação de situações: a) que o regime inicial de cumprimento da pena passa a ser fechado, b) que a progressão do regime (de fechado para semiaberto ou aberto) é dificultada, ou mesmo c) que a progressão é proibida, violando frontalmente o art. 5º, inc, XLVI, que garante a individualização da pena. Tais medidas, além de inconstitucionais, ampliam a superlotação e incham artificialmente o sistema carcerário com indivíduos, por exemplo, que não cometeram crimes violentos.

É risível a citação expressa de organizações criminosas como "Comando Vermelho" e "Primeiro Comando da Capital" no corpo do texto legal. Uma lei geral, como é o caso da lei penal, deve ser impessoal e não pode se referir a pessoas ou grupos. A primariedade do texto e a falta de técnica legislativa saltam aos olhos também nesse aspecto, para além de palavras genéricas e vagas que pululam em todo o projeto.

É criada a bizarra autorização para as forças de segurança utilizarem-se diretamente de produtos apreendidos, como armas, carros etc. As polícias serão estimuladas a se comportar como milícias, realizando ações para se equiparem com instrumentos de serviço não padronizados. Uma porta escancarada para a corrupção.

A introdução da negociação da culpa e da pena – o *plea barganing* norte-americano, hoje amplamente criticado – transfere o poder de gerir ao processo à vontade privada do órgão do Ministério Público. O direito ao devido processo (Art. 5º, inc. LIV) é claramente violado e uma quantidade expressiva de cidadãos inocentes vai preferir assumir culpa a enfrentar um processo cuja condenação pode exceder largamente a pena "oferecida" na barganha.

A violação expressa do direito constitucional de ampla defesa (Art. 5º, inc. LV) e do sigilo profissional (Art. 5º, incs. XIII e XIV), ao permitir gravações de conversas de réus presos e de réus com advogados (!!!!). Uma excrescência de caráter claramente nazifascista (aqui não deu para evitar a adjetivação). Medida ilegal e largamente repetida durante a "Operação Lava Jato" diga-se de passagem.

A violação da integridade física e da presunção da inocência de cidadãos sem condenação transitada em julgado, quando se permite coleta de DNA de condenados em primeira instância para criação de banco de dados.

A criação de forças-tarefas de caráter internacional sem o controle do Ministério da Justiça, e diretamente controladas pelo MP e pela PF, estimulando uma verdadeira autonomia política de órgãos de Estado. Estes, obviamente, devem estar subalternizados ao controle institucional e constitucional, conforme reza o art. 128 e parágrafos e art. 144, parágrafo primeiro.

Mais grave do que esses fatores, que por si atingem o projeto "anticrime" de morte, se é que ainda prezamos por garantias democráticas, é o estímulo a uma cultura da delação, do denuncismo, do medo, com a legalização do alcaguete secreto.

Este projeto é, em resumo, a generalização legislativa do medievalismo da "Operação Lava Jato". É a carta branca para que o Estado brasileiro controle repressivamente a população, inclusive através de seu extermínio, sem sequer estar violando a lei.

Hoje, mais do que nunca, é preciso uma grande mobilização para evitar que este projeto grotesco e autoritário chegue à luz do dia.

A comunidade de cidadãos, associações, partidos e juristas deve se manifestar em todos os foros possíveis. O Legislativo deve ser sensibilizado para o desastre social, político e institucional que este projeto representa.

A sua aprovação significará a instalação de um Estado policial, de uma "ditadura constitucional" nos moldes dos mais reacionários projetos políticos jamais pensados. Nada que não tenha sido dito a torto e a direito na campanha presidencial, a despeito dos céticos de plantão que insistiam em classificar como bravatas as violências repetidas *ad nauseam* pelo então candidato a presidente. Com este Projeto de Lei, Bolsonaro começa a entregar o que prometeu: um país em que o guarda da esquina tem poder soberano de vida e morte sobre qualquer cidadão.

(05/02/2019)

CORRUPÇÃO, BOLSONARISMO E FASCISMO[1]

O Brasil afunda, semana a semana, numa espiral de vidas perdidas e paga este alto valor por sua insistência regular no excesso. A já precária vida social do país submerge, confirmada pela doença excessiva, pela morte excessiva, por um governo descontrolado e impiedoso. Impotentes e isolados, assistimos ao país se dissolver com a colaboração militar e sob os olhos de abutre do mercado global.

A conjunção dos desastres biológico e político – com suas consequências econômicas, sanitárias e humanitárias – que, dia a dia, insiste em provar a nossa resistência, nos coloca à beira do desejado apocalipse. Catástrofe que é rentável em alta medida, na disputa geopolítica do capitalismo pelo butim sobre terras arrasadas. Para usar uma expressão dantesca, abertas as portas do inferno, parece que no Brasil as esperanças estão perdidas.

A época que experienciamos, portanto, não é das melhores para análises de conjuntura. Vivemos sob a brutal volatilidade da saúde pública e da política, sob o véu de inconsistências institucionais, sob a ameaça das invariáveis desconstitucionalizações – a se radicalizarem em ditadura –, sob a violência pandemônica cada vez maior das racionalidades suicidas.

---

1 Este ensaio, com algumas alterações, foi originalmente publicado no livro *Pandemias e pandemônio no Brasil*, em 2020, pela editora *Tirant lo Blanch*, e organizado por mim e por Cristiane Brandão Augusto Mérida. Agradeço à leitura crítica realizada pelo professor Paulo Jorge da Silva Ribeiro, que generosamente contribuiu para a forma definitiva do texto.

Este panorama drasticamente turvo é a novidade. E não só pelo fato da mortífera taxa de contaminação do coronavírus, mas, em especial, com a ascensão de um governo de perfil fascista, depois que o frágil "pacto" da dita *Nova República* enfim soçobrou em golpe de Estado, nos idos de 2016.

Mas há, de fato, algumas permanências que, sob a visada distanciada da história, nos permitem criar instrumentos de análise capacitados a nos orientar nesta selva fechada e mal iluminada que se tornou nosso país.

Numa perspectiva de longo alcance, o cenário de compromisso e pretensa harmonia em torno de normas comuns, montado pelo pacto de 1988, esteve desde sempre fadado à mais ampla sabotagem. As forças que ainda hoje tentam disputar hegemonia sobre a população trabalhadora e sobre as riquezas do país – conglomerados de mídia, parte do Poder Judiciário, militares e interesses econômicos diversos representados concomitantemente no Congresso Nacional e em todos esses setores –, ao mesmo tempo em que transacionaram no passado por pressão internacional e interna para produzir a ordem normativa hoje sob sítio, trabalharam desde então para o seu desmonte. Os interesses de cada esfera, cientes dos conflitos que regem as relações políticas, procuraram, quase sempre e quase todos, irradiar as suas forças de um modo antidemocrático, sub-repticiamente, pela fachada de formalidades constitucionais.

Precisamos, assim, compreender como chegamos a esta situação de radicalização, na qual a extrema-direita, representada no momento por Jair Bolsonaro, encontrou caminho de passagem em conluio direto com as organizações Globo e com seu ex-Ministro Sergio Moro, quando este era ainda um juiz influente na opinião pública e na condução da perseguição desenfreada ao petismo. Para ser possível a resistência, é necessário compreender como este projeto se transmutou na criminalização de toda a política, na configuração do ódio como motor do processo social e, ao final, na materialização de um setor significativo da população potencialmente fascista nas suas ações e compreensão de mundo.

O aprofundamento das desigualdades sociais, que hoje se explicita na tragédia política/sanitária, foi gestado a despeito dos esforços pontuais para a sua superação. Os governos social-democratas de Lula e Dilma não estabeleceram balizas consistentes para garantir a letra da lei contra a volúpia da rapinagem de mercado. Os direitos sociais e políticos – inclusive à saúde e ao SUS – foram dilapidados de forma severa após o golpe de 2016. Seja por reformas administrativas, emendas constitucionais, legislação da mais variada – processual, civil, penal, trabalhista etc. –, tudo foi cimentado pela mais renitente e avassaladora produção industrial da ignorância política e cultural, coordenada pelos interesses de uma mídia reacionária.

A ascensão dos governos petistas – com uma agenda de inclusão social pelo consumo – se deu em paralelo à politização da Justiça, à midiatização da política e à reversão do entendimento comum até então, de que um projeto de democracia deveria figurar como fundamento para o desenrolar da República. O golpe – alicerçado por instituições que, ao fim e ao cabo, se sentiram libertas de qualquer controle pelos governos do Partido dos Trabalhadores –, o afastamento de Lula das eleições em 2018 pelo sabujo barbarismo jurídico da Operação “Lava Jato” e a consequente vitória do obscurantismo miliciano e das *fake news* de ódio do Jair “Messias” Bolsonaro radicalizaram a aposta na instabilidade e na fragilização do país. Instalou-se a possibilidade concreta dos excessos pandemônicos na ação governamental.

A hipótese deste ensaio é que bolsonarismo, lavajatismo, fundamentalismo neopentecostal, antipetismo e antipolítica se introjetaram como perspectivas de mundo em parcelas expressivas da população. Esta situação precisa ser examinada analiticamente.

Sob nossas variadas pandemias, a questão que se coloca é: estes fenômenos sociais representam/legitimam um governo que despreza os procedimentos democráticos e que abraça no seu funcionamento a desmedida mais delirante ou, na verdade, bolsonarismo e lavajatismo se estabelecem hoje como uma realidade duradoura, para além do governo de plantão?

Ou, ainda, melhor fraseando: como um fato social de natureza cultural/política/"subjetiva" se relaciona com a mudança de horizonte de sentido de um país que, se em seu último movimento de criação coletiva projetou uma vida democrática, agora flerta de forma aberta com a exaltação da violência e da ditadura, com o culto ao heroísmo personificado, com a moralização criminalizadora da política e com o desejo e a aceitação de governos de caracteres fascistas?

A retórica da corrupção

Desde o salvacionismo militar/republicano de Hermes da Fonseca – que, na campanha presidencial de 1910, queria retirar o poder das oligarquias estaduais com o pretexto de limpar as instituições da corrupção –, o Brasil tem experienciado ondas de um moralismo conservador de perfil demagógico. Com a desculpa de sanear, limpar e salvar, políticas e interesses privatísticos atacam há muito as instituições de nosso país, sem piedade.

Do antiestatismo de Raymundo Faoro à teoria da dependência de Enzo Faletto e Fernando Henrique Cardoso, da crítica de Carlos Lacerda ao "mar de lama" de Vargas até a vassourinha de Jânio Quadros e os "Marajás" do serviço público – supostamente "caçados" por Fernando Collor de Mello –, sua justificativa é sempre a mesma: o Estado é um agente corruptor e corrompido que precisa sofrer uma intervenção que minimize seus "estragos" através de uma profilaxia que o reduza (leia-se, retire de direitos dos trabalhadores, realize privatizações, restrinja o poder do Estado sobre a economia, desenvolva-o em "dependência agregada" a grandes nações, etc.).

Esse "cancro", como dizia o liberal Raymundo Faoro, que atrasa o desenvolvimento do país é o nosso suposto *patrimonialismo de Estado* – em bom português, a *corrupção* –, que seria a fonte de todos os males que sofremos. E assim se consolida na história uma narrativa simplista – e falsa – sobre a "nossa sina" de "vira-latas". Repetido *ad nauseam* ainda hoje pelos meios de comunicação de massa, este *mantra* da corrupção penetrou no imaginário social a ponto de provocar nele uma cristalização irracional na direção da antipolítica e do mais aberto projeto fascista de poder. Esta é a nossa *fake news* mais resistente.

O que significa, então, na prática, não só a rejeição da "velha política" compromissória – esse "vício de origem", nos dizeres de Werneck Vianna – das coalizões funcionais a um governo representativo, mas também a adoção do discurso demagógico *anticorrupção*?

Em *primeiro lugar*, a ideia de *patrimonialismo de Estado* opera uma cisão artificial, uma autonomização do Estado em relação à sociedade civil, atribuindo os interesses econômicos daquele a funcionários autointeressados em se locupletarem da coisa pública – agentes estatais que deveriam ser identificados e punidos. Esta cisão é *falsa*, na medida em que o domínio burguês sobre as instituições políticas é a característica das sociedades capitalistas, alimentadas pelo credo liberal, mas realizadas sob a égide do Estado autoritário, ou seja, um Estado controlado e manietado de fora, a partir de interesses variados, para dentro.

Em *segundo lugar*, a tese do *patrimonialismo* indica que esse Estado, dominado apenas por interesses incrustados na burocracia, impediria – segundo a ideia da corrupção da política –, dado seu alcance e potência, a livre iniciativa do mercado, tutelando-a de forma marcial. Esta tese, por sua vez, esconde as relações de acesso privilegiado e exclusivista ao Estado existentes na própria sociedade civil brasileira, marcada por sua violência escravocrata e organização política oligárquica, na origem. São os interesses burgueses da sociedade civil que colonizam o Estado e não vice-versa: sob a retórica do *patrimonialismo de Estado* subsiste, de fato, o *patrimonialismo da sociedade*.

Neste sentido, percebe-se hoje no Brasil que este imaginário, orientado pelo moralismo – e que alimentou o punitivismo revanchista e pequeno-burguês das classes médias – fez com que estas se subordinassem às pautas de grupos completamente alheios aos seus reais interesses. E a participação política enquanto orientação para ação, movimento refratário em especial a estas mesmas classes médias, foi substituída pela satisfação libidinal promovida através da propaganda da antipolítica e seu contraditório culto em manifestações públicas pontuais e, em geral, financiadas por organizações ligadas ao mercado ou às milícias.

A política no Brasil se transformou, há tempos, em um produto de entretenimento: consumível e descartável – às vezes carnavalesca, às vezes sombria e mortífera –, ela gira a partir do binômio emocional satisfação/frustração. A resultante tem sido uma maior facilidade para a pilhagem interna e externa e ainda mais espaço para a erupção de nossa "genética" antiliberal e violenta. Como relativa novidade histórica, começamos a flertar com os excessos típicos do fascismo, quando a vida é submetida à modulação da guerra.

E assim, o esgarçamento do espaço político sofrido nas últimas décadas – manifesto pela débâcle da política institucional e de sua legitimidade – gerou um ambiente poroso a aventureiros e a extremistas, que premia e elogia torturadores e que governa com milicianos. Como virtual candidato à sucessão presidencial de 2022 e apoiado por setores importantes do Judiciário e da mídia corporativa – e em especial a Rede Globo, por onde desaguou seus vazamentos seletivos a fim de derrubar Dilma Rousseff e, agora, Bolsonaro –, Sergio Moro faz hoje emergir um núcleo de apoiadores cujo caldo cultural de formação já havia dado vazão ao bolsonarismo. Vamos denominar esse grupo, que ainda precisa ser identificado e estudado de forma devida, de *moristas*.

Pensamento de manada e fascismo

O *pensamento de manada* característico de setores do bolsonarismo e do morismo não é, portanto, uma novidade na experiência política da última quadratura. Na verdade, desde o final do século XIX, a psicologia das massas se tornou um tema recorrente e foi alçada ao centro da ribalta com a aparição dos movimentos fascistas na Europa, durante os anos posteriores à Primeira Grande Guerra. O pensamento de manada é, assim, compreendido pela teoria social como altamente satisfatório em termos libidinais. Trocando em miúdos, existe uma forte gratificação de caráter sexual para o indivíduo que se rende à massa. O declínio ou o enfraquecimento do ego do indivíduo autônomo é, conforme Adorno e Freud, uma resultante da formação dos grupos na sociedade contemporânea.

Para Freud, a formação do grupo pressupõe a formação do indivíduo, do sujeito: sua atomização, individualização e, principalmente, alienação. O sujeito se individualiza, se atomiza e se aliena antes e no processo de aderir ao grupo. Interessante este conceito freudiano de alienação: o sujeito deixa de cuidar de si, mas ele não deixa de ser sujeito. Ele está no maior momento de individualização possível, o momento de não querer saber de si, exatamente por estar envolvido na massa. Para entender esse "homem massa", esse comportamento de manada, não é preciso, então, uma psicologia de grupos, como defendia Gustav Le Bon no final do século XIX. O sujeito não está "dissolvido" na massa. Ele se preserva enquanto indivíduo.

O que acontece com o indivíduo no grupo, como lembra Adorno, é que ele manifesta moções pulsionais inconscientes, antes recalcadas, antes ocultadas. Desse modo, o fascismo não é uma novidade na estrutura mental dos indivíduos: ele apenas comporta a limpeza, por assim dizer, de seus limites civilizacionais, permitindo que o arcaico, que o mais profundo, apareça. Os momentos de aprofundamento de crises como agora, nos lembram que o processo civilizatório é um constante refazer, uma reconquista de cada geração.

Pulsões inconscientes e reprimidas, de caráter arcaico e infantil, afloram nas relações grupais estabelecidas pelos fenômenos de caráter fascista de massa. Elas se manifestam, por exemplo, pela rejeição ressentida e exacerbada de qualquer crítica direcionada ao grupo ou ao seu líder, por mais real que seja. A questão aqui não é do âmbito da realidade. O ataque à ilusão de superioridade do grupo é que instiga a fúria. O ganho "narcísico" pelo pertencimento ao grupo gera não só um suposto "amor" ao líder e aos do grupo, mas igualmente o ódio, a rejeição e uma ilusão de superioridade em relação aos que estão fora.

E isso é bem mais que um "casamento hétero", nas palavras de Bolsonaro. É uma ligação de natureza totalitária, cujas implicações afetivas apontam para a modificação das subjetividades envolvidas – numa espécie de desejo de potência ilimitado, como diria Nietzsche – e pela antitética possibilidade de obediência cega ao líder. Uma questão possível sobre essa perspectiva é como determinados "bolsonaristas" e "moristas" de classes sociais distintas irmanam-se, expressando as mesmas palavras de ordem, percebendo-se como "cidadãos de bem", exaltando irracionalidades como o inédito "isolamento vertical" ou comprando o milagre mortífero da cloroquina.

A resposta está relacionada à conduta de bando. Uma característica interessante de agrupamentos de natureza fascista – e desse florescimento do arcaico da subjetividade – é a falta de sensibilidade às discrepâncias intelectuais, culturais, pessoais e de comportamento dos indivíduos pertencentes ao grupo. Há, na verdade, uma louvação explícita do anti-intelectualismo e uma evitação radical de qualquer tipo de introspecção ou autorreflexão. Como anota Adorno, no grupamento fascista suporta-se a peculiaridade do outro, coloca-se em igualdade e não se percebe qualquer sentimento de aversão que seria esperado em uma situação de *normalidade* entre estranhos com características pessoais tão diversas. E esta *ignorância consciente* e seletiva – ignorância em relação ao outro, em relação à realidade e à ciência, por exemplo – só é possível pela existência de um vínculo que é de natureza libidinal.

Em outros termos, o cimento de um grupo fascista e o seu relacionamento interno e com os de fora – e com a realidade – é emocional e irracional. O olhar tipicamente fascista não filtra argumentos, mas apenas emoções. Por isso, não é possível conversar através de argumentação com um indivíduo que tenda a expressar um caráter potencialmente fascista, como é o caso do núcleo duro de "moristas" e "bolsonaristas".

Esse irracionalismo implica não só a possibilidade de adesão emocional ao líder – e precisamos esclarecer o alcance dessa subserviência –, mas o abandono dos interesses materiais diretos desses seguidores. Trata-se de uma irracionalidade de dupla face. O *primeiro elemento* dessa irracionalidade potencialmente fascista – por incrível que pareça, esta é uma regularidade histórica nos fascismos – é a adesão a um líder tosco e mal formado. Determinados "bolsonaristas" ou "moristas" aquiescem não a um programa político real e concreto, visto expressarem asco à "velha política", mas sim a estímulos psicológicos de uma oratória ilógica, vitimista e pseudoemocional. No episódio da demissão de Moro do governo que ajudou a criar, tanto ele como o presidente Bolsonaro fizeram longas declarações onde se posicionaram como vítimas um do outro.

Adorno faz lembrar que o líder de características fascistas se utiliza de seu discurso para gerar satisfação. Na verdade, o discurso de ódio a negros, homossexuais, feministas, comunistas e petistas, a luta contra a corrupção e sua punição, todos estes não se configuram como uma plataforma de governo. São um chamado tribal, uma glorificação da ação violenta direta que, ao ser enunciada de forma ritual, opera como uma espécie de realização instantânea do desejo do grupo.

O discurso do líder produz um objeto identificável para o exercício do ódio grupal. Por outro ângulo, a performance desinibida ao extremo, as expressões chulas, a glorificação da própria ignorância pelo "mito" cumprem, segundo Adorno, uma função de gratificação: após obter prazer com a performance, o grupo incorpora como própria a ideologia do líder, sendo esta uma forma de expressar gratidão pelo "show". Se, por um lado, Bolsonaro realiza este papel de forma típica, Moro, por outro, pode suplantar suas dificuldades retóricas pelo recurso à simples propaganda massificada. De qualquer sorte, a política se transforma e se realiza como entretenimento.

Nesse sentido, a ignorância do líder reflete a ignorância do ouvinte, mas a extrapola na sua falta de inibição. O terraplanismo de Bolsonaro é equiparável à ignorância jurídica de Moro, que violou todos os códigos para destituir Dilma e prender Lula – ignorância que se mostrou extremamente instrumental e funcional. O líder fascista é levado a sério exatamente por se arriscar a passar por tolo, ignorando os tabus e o comportamento esperado pelas classes médias.

A conduta e o ritual histéricos do líder, com suas bizarrices, mentiras e palhaçadas, sua oferta sacrificial, sua perda de controle emocional, ou mesmo seu vitimismo, tudo isso gera identificação e satisfação libidinal. Há uma regressão coletiva para a histeria sem as amarras do tabu, o que produz, ainda segundo Adorno, um "enfraquecimento psicológico universal do indivíduo autônomo". E assim o amor recalcado é transformado em uma obediência canina da massa.

O *segundo elemento* dessa irracionalidade potencialmente fascista é resultante da "hierarquia ambivalente", que tanto no líder quanto no grupo gera respeito subserviente aos de cima e autoridade agressiva com os subalternos – o que pode, por óbvio, ser revolucionado pelo líder, quando este despreza os superiores e louva retoricamente seu próprio bando. O "Capitão" Bolsonaro fez questão de nomear vários generais Ministros, seus subalternos, enquanto Moro subordinou à sua vontade punitiva tanto o TRF 4 – ao qual era funcionalmente subordinado como juiz federal – quanto o próprio STF. Esta hierarquia ambivalente gera o que Adorno chama de "igualitarismo repressivo" e o que Freud identifica como impulso ou pulsão de destrutividade.

Quando um juiz de piso submete o Supremo Tribunal Federal à sua vontade manifestamente ilegal, ele simplesmente está aniquilando-o simbolicamente. Nesses termos, a destruição é o objetivo da ação do líder e dos grupos fascistas: a violência e a morte são o seu horizonte de sentido. Aqui a cultura de massa, pasteurizada e produtora do pensamento estereotipado e não espontâneo, se alia à violência corporativista do *fascio*, do "esquadrão", produzindo indivíduos pseudomilitarizados, ressentidos, mesquinhos, frustrados e irracionais, tendentes à ação violenta e sem qualquer empatia com a vida alheia às hostes grupais.

Por isso, a permanência do caldo cultural potencialmente fascista sob a pandemia é tão preocupante. As massas são vistas pelos líderes fascistas como objetos de medidas administrativas, descartáveis e adestráveis para a autoanulação e a obediência. Os indivíduos são considerados meras estatísticas. E as características psicológicas e intelectuais do próprio cidadão potencialmente fascista fazem com ele não tenha qualquer piedade por pobres e desamparados. No texto seminal *Estudos sobre a personalidade autoritária* (de 1950, mas publicado no Brasil em 2019), Adorno anota que há nisto um mecanismo claro de projeção: "o caráter potencialmente fascista culpa os pobres que precisam de ajuda justamente da mesma passividade e ganância que ele aprendeu a não admitir em sua própria consciência". Lembra, do mesmo modo, que a obediência aos ditames do grupo fascista acarreta um conjunto de limitações e restrições, com a renúncia a determinadas satisfações individuais. Forma-se, então, uma agressividade inconsciente contra a autoridade do grupo. Mas, incapaz de identificar a causa primeira de suas frustrações, o indivíduo fascista procura descarregá-las de forma sádica sobre aqueles que considera condenáveis e fracos, as vítimas fáceis.

Contradições do fascismo

Essa agressividade autoritária, somada à confusão mental do fascista em relação à realidade política e econômica que o submete e que não entende e não quer compreender é que gera a procura por "bodes expiatórios". Os ministros "olavistas" de Bolsonaro assim funcionam, criando inimigos pela imaginação e punindo ou perseguindo concretamente setores sociais que para eles soam como ameaçadores: a Universidade e a intelectualidade são alvo preferencial, por óbvio, do anti-intelectualismo. Entretanto, o culto ao líder, o "amor" ao "mito", não é uma identificação com o "pai" do grupo, mas uma idealização de impulsos narcísicos que são descarregados sobre um objeto, devido à incapacidade desse indivíduo de satisfazer demandas libidinais internas.

O sujeito ama a si mesmo, mas somente através do espelhamento com o líder, livrando-se, assim, de frustrações, imperfeições sentidas e mal-estar pessoais, ou seja, criando um eu ideal na figura do líder. Por isto a reprodução dos gestos, do tipo de roupa, da própria modificação da forma física e do linguajar, que passam a ser, por exemplo, militarizados. O grupo fascista, então, nada mais é do que um conjunto de indivíduos isolados, com o mesmo objeto substitutivo: um líder que deve extrapolar em seu próprio narcisismo para se fazer objeto da massa e conduzi-la ao seu bel prazer, numa caricatura de solidariedade coletiva (Freud).

Entretanto, esta irracionalidade que produz o fenômeno é o gérmen de suas contradições internas. O fascismo se realiza como uma *fake news*, que é acreditada somente na medida em que permite a satisfação libidinal do grupo. Mas o funcionamento do grupo fascista não encobre sua lógica de destruição, algo que, segundo Adorno, é de alguma forma intuído pelos seus seguidores. Na pandemia do coronavírus, vários bolsonaristas radicais resolveram desobedecer ao "chamamento às ruas" do presidente Bolsonaro, ficando em casa, protegidos por máscaras e álcool em gel.

Esse "estranhamento" em relação ao caráter suicida do líder fascista ganha concretude na medida exata em que o movimento passa a ser instrumentalizado e institucionalizado. Como a relação com o líder é uma falsidade, isto é, uma projeção de desejos e não uma identidade de fato, a relação seguidor-líder é uma relação de encenação. A performance do líder se soma às de seus seguidores num grande circo burlesco de "Heil, Hitlers" ou de arminhas apontadas para o céu.

O "bordão" ou o símbolo morista ainda pode ser criado, ou não. Mas, o que importa é que esta coletivização da relação de farsa gera uma transferência libidinal mais "precária" e "indireta", fragilizando o espetáculo fajuto de identificação entre líder e grupos potencialmente fascistas. Adorno aposta numa eventual tomada de consciência súbita de realidade, como pode ter acontecido na reação de decepção de parte da massa "bolsonarista" na saída de Sergio Moro do Ministério da Justiça, quando este denunciou, de forma espetacular, os crimes que geria em conluio com o presidente da República. Mas vale anotar que talvez ainda não possamos ser tão otimistas, visto que, neste caso específico, pode ter havido apenas um deslocamento de liderança, o que daria ensejo para o início de um movimento radical morista propriamente dito.

Podemos concluir, por enquanto, dizendo que forças reacionárias a relações políticas contratuais, acostumadas às negociatas e ao exercício ilimitado de suas vontades, viram oportunidade ímpar para a articulação de um compromisso privatístico, que implicava o assalto ao poder. Imaginavam que poderiam flertar e controlar o grotesco.

A pandemia, porém, tem colocado a realidade no centro do picadeiro. Nas últimas semanas, exatamente quando a contaminação viral se instalou no país radicalmente, o presidente Bolsonaro continuou a desdenhar quase de forma diária com o extermínio de seus cidadãos, sem maiores preocupações por transformar o país num circo de horrores.

Contudo, o medo da morte, já apontava o filósofo inglês Thomas Hobbes, é um conselheiro insistente. À beira do abismo, parece que a consciência da realidade de alguma forma aflora na criação de uma concertação que pode querer pôr limites ao excesso e ao sentido suicida do governo fascista e de suas hordas mergulhadas em ressentimento e ódio. Adorno anota que o distanciamento entre líder e massa, provocado pela estrutura encenada da transferência narcísica de identificação, do falso entusiasmo, da "inverdade do encantamento", uma hora se torna grande o suficiente para provocar o despertar "dos que mantêm seus olhos fechados embora não estejam dormindo". Neste caminho, as esquerdas e a classe trabalhadora cumprem papel não desprezível, para que a nova ordem a surgir não realize, mais uma vez, o arbítrio e a barbárie que levaram o país ao negacionismo e ao obscurantismo perversos, com responsabilidade direta pelo morticínio que experienciamos atualmente. Os criadores do desastre continuam aqui e foram devidamente nominados. Assim sendo, precisamos seguir atentos e fortes, porque a sombra do *fascio* ainda insiste em nos rodear para muito além do fim do governo Bolsonaro. O fascismo veio para ficar até que resolvamos derrubar as instituições sociais que patrocinaram o seu surgimento.

(01/05/2020)

A REGULARIDADE DA DITADURA E DO FASCISMO NO BRASIL

Como foi possível chegarmos a uma situação histórica, política e institucional de derrocada e barbárie, coroada por um governo de perfil fascista a caminhar sobre centenas de milhares de mortos? As especificidades do Brasil derivam de suas escolhas políticas recentes ou podem ser escrutinadas em raízes mais profundas, a nos iluminar desde longe a amplitude do problema brasileiro?

Estas não são questões fáceis, nem podem ser respondidas sem um esforço interpretativo abrangente. Boa parte deste percurso analítico já foi traçado por um punhado de intelectuais do pensamento social e político do país. Boa parte foi, de certo modo, ignorada pela maioria dos juristas pátrios, com exceções muitas vezes não honrosas.

Nossos grandes juristas, não aqueles citados em acórdãos de tribunais superiores, mas os que ajudaram a forjar diretamente a nossa institucionalidade e a nossa história constitucional e política, muitas vezes flertaram abertamente com o atraso, com o arbítrio, com a ditadura. Foram, de alguma forma, realistas, ao traduzir os interesses violentos de nossas classes dominantes, no que o sociólogo Florestan Fernandes classifica como o projeto de *autocracia burguesa*.

Uma das possibilidades para o desvelamento do nosso destino atual é olharmos para as circunstâncias políticas e intelectuais que forjaram esse caminho de regularidade da exceção e de excepcionalidade dos "hiatos" democráticos. Como afirmo no meu livro *Teoria constitucional, ditadura e fascismo no Brasil* (2021), somos autoritários e temos extrema dificuldade de permanecermos em situação de igualdade social e isonomia. Pelo menos até os dias que correm, preferimos apostar na desfaçatez e na subordinação da ditadura a investir na liberdade e na pluralidade republicanas.

Mas é bom que se frise que esses percalços de nossa trajetória têm muito de golpes de Estado, de traições à vontade popular, de utilização de meios sofisticados para que o povo aceite ser explorado e expropriado sem reação. Ou que sucumba diante da simples e pura repressão.

Essa história não contada, ou parcialmente contada por poucos, remexe nas entranhas da nossa tradição elitista e autocrática. Imprescindível extrair dela os elementos que permitirão a sua crítica, para caminhar, quiçá, para sua derrota.

É de se passear pela sociologia, pela filosofia e pela teoria política e constitucional que ajudaram a configurar o pensamento e a ação, a prática e as instituições que sedimentaram o nosso atraso reacionário e o nosso presente protofascista. É de se desbravar temas e autores surpreendentemente inéditos, mas cuja importância histórica é inegável.

Personagens como o ex-ministro da Justiça Francisco Campos, apesar de conhecidos, eram solenemente ignorados na sua dimensão demiúrgica. Ainda assim, escreveu a Constituição de 10 de novembro de 1937, que procurou legitimar o golpe do Estado Novo, e foi o artífice fundamental do processo de modernização da legislação sob Vargas. Em 1964, escreveu o preâmbulo do AI-1 que fundamentou o golpe Empresarial-Militar e que continuou a orientar os Atos Institucionais seguintes, no seu anticomunismo retórico e na sua ojeriza às liberdades democráticas.

O interessante é que a inteligência de Campos não se circunscreveu à construção de uma ordem jurídica sólida, que irradia sua influência nefasta até hoje. Como outros autores que abordei no livro, construiu categorias teóricas que orientaram o processo de subordinação do povo brasileiro às suas elites, como a ideia do mito político do César: comandar de forma irracional as massas urbanas através da propaganda e da ubiquidade dos meios de comunicação, num processo que tinha como horizonte de sentido a destruição das instituições políticas de perfil liberal, como partidos, eleições e parlamento.

Se Campos inaugura a retórica que quer adjetivar as ditaduras de democráticas, ele não está sozinho na trajetória de nossa história recente. De Campos à Lava Jato, de Vargas – em certos aspectos – até Bolsonaro, temos uma continuidade que não nos permite olhar a nossa tragédia atual com ares de surpresa.

É nosso dever não nos olvidarmos de examinar os pormenores de nossos caminhos à distopia contemporânea, que nos assola, exatamente para não alimentarmos o dessabor de termos que repeti-la.

(31/03/2021)

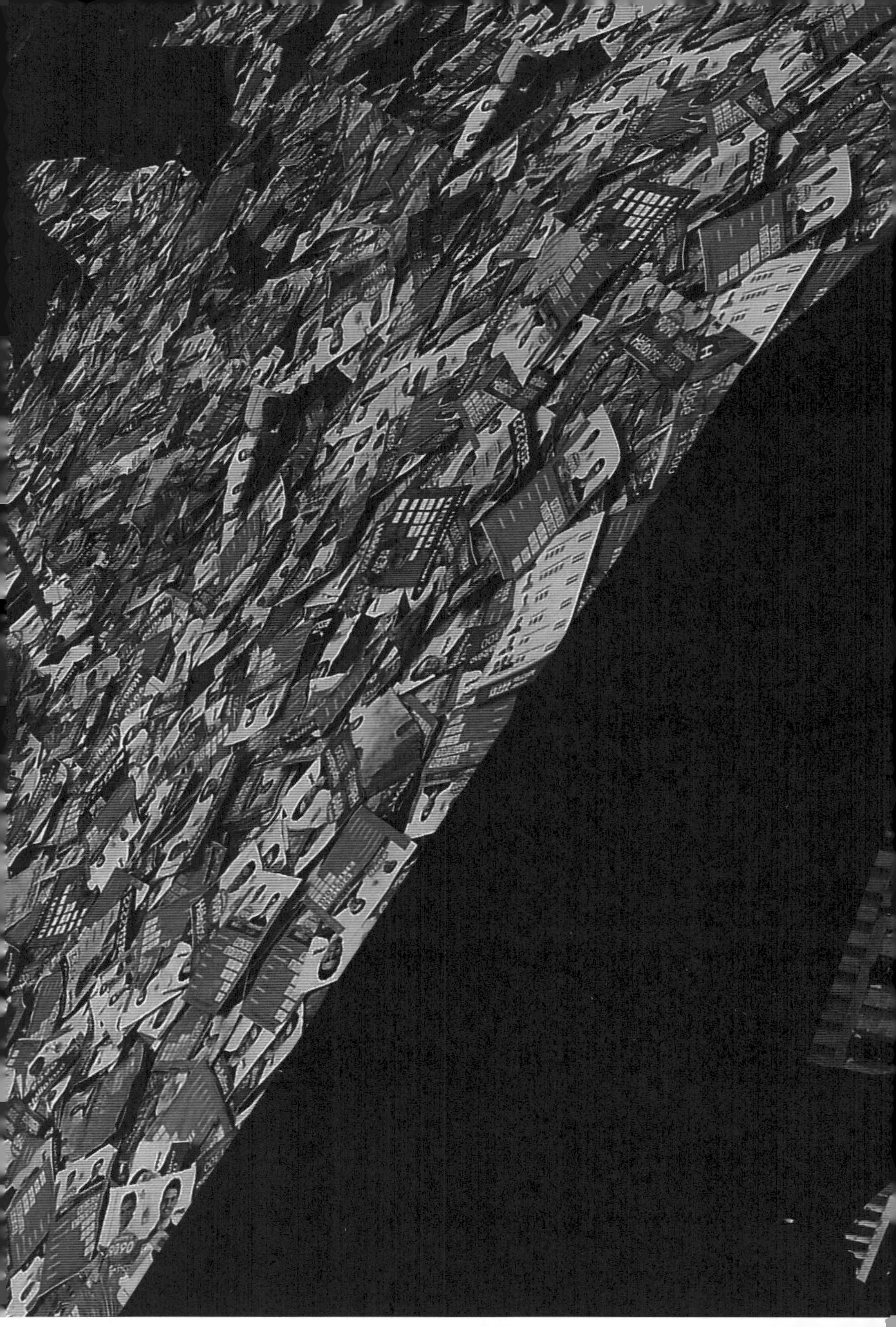

PARTE 2

AGONIA E VERTIGEM

O STF E O DECISIONISMO AUTORITÁRIO: NOTAS A PARTIR DE LUIGI FERRAJOLI

O livro do jurista italiano Luigi Ferrajoli *Direito e razão* (2002) é um potentado (de quase 900 páginas no original italiano) que conseguiu sintetizar a trajetória moderna do funcionamento do sistema penal, suas promessas e seus fundamentos filosóficos e dogmáticos. Goste-se ou não de sua abordagem profundamente liberal, o resultado ao final de sua leitura é uma consciência aguda dos alicerces modernos da atividade repressiva do Estado. Termina-se por reconhecer que o autor construiu um modelo de direito garantista que, se fosse realizável, nos deixaria sensivelmente mais tranquilos acerca dos limites de funcionamento dos poderes da república, em especial, das agências responsáveis pela aplicação do direito penal, como é o caso do Poder Judiciário.

Direito e razão é um livro que nas últimas décadas tem se mostrado necessário para a formação de qualquer um que deseje refletir sobre o direito com consistência e conhecimento de causa. Espanta o fato de que, embora traduzido no Brasil há mais de uma década, não tenha ainda assentado como obrigatório na formação daqueles que operam cotidianamente a máquina do Estado, em especial nas suas instituições repressivas. Mais espantosa é a utilização de recursos institucionais, operacionais e retóricos que violam descaradamente o dito modelo "garantista" sob o pretexto de realizá-lo.

Em especial, os debates dos últimos meses acerca da AP 470, conhecida como o processo do "Mensalão", em trâmite no STF, têm tangenciado questões que estão longamente expostas e debatidas no livro de Ferrajoli. Em especial, toda a engenharia de operação dos direitos processuais – como ampla defesa, contraditório, presunção de inocência, trânsito em julgado e duplo grau de jurisdição – é examinada nos seus fundamentos históricos, lógicos, técnicos e políticos. São sucessivas aulas de como deve operar o sistema a fim de "tutelar a liberdade dos indivíduos".

No texto de Ferrajoli, dentre inúmeras lições, discute-se que a configuração do poder judiciário conviveu, pelo menos desde o último século, com a disputa de dois modelos opostos: o modelo garantista-liberal-procedimental e o modelo decisionista-autoritário-substancial. Embora não seja esta a abordagem do autor, é patente que o primeiro modelo está ligado, na sua origem, aos ditames do capitalismo, isto é, à necessidade de regulação e estabilização das expectativas no que respeita ao funcionamento do direito.

As regras jurídicas, o direito penal e processual penal, por exemplo, devem resguardar a circulação do capital através da regularidade das proibições, das penas e do processo. A previsibilidade do sistema repressivo, tão amplamente divulgada por suas consequências humanistas – de proteção aos direitos e garantias individuais – desenvolveu-se, na verdade, para atender a interesses macroeconômicos específicos da modernidade posterior à revolução francesa.

Em termos históricos, Ferrajoli sustenta que o modelo repressivo garantista-liberal-procedimental manifesto em instituições como o poder judiciário é relativamente novo, se comparado ao vetusto e reacionário modelo repressivo e judicial decisionista. Enquanto o modelo garantista justifica o funcionamento das instituições repressivas na medida em que elas devem primar pela obediência estrita à lei e aos procedimentos legais, o decisionismo substitui a impessoalidade das regras jurídicas pela personalidade da autoridade. A característica operacional básica do decisionismo é o antiformalismo. A lei e o seu caráter determinante e estrito na configuração do crime e na atribuição de responsabilidade criminal são substituídos por instrumentos elásticos, vagos e moralistas de atribuição de culpa. Ao invés do delito, a identificação do "homem criminoso", independentemente de este ter realizado ato descrito como típico pela norma, é o fundamento suficiente para que o juízo de reprovação se realize.

É comum a crítica ao caráter de classe do modelo garantista-liberal-procedimental, embora não se possa ignorar que a sua operatividade plena possa ser um instrumento de contenção do arbítrio. Pode-se concluir, inclusive, que este modelo não funciona sem custos individuais extremos e que, portanto, as classes subalternas não encontram nele uma real garantia de direitos. O modelo garantista serviria, neste sentido, apenas como um instrumento de legitimação política, sem reais consequências na operação de direitos individuais para as maiorias. Mas um Estado que se justifica pelo direito, submetendo-se, por uma Constituição escrita a obedecê-lo e funcionar através das leis, fica comprometido a referendar os procedimentos e as instituições garantistas.

Em especial, o modelo garantista funciona como um anteparo crítico poderoso às tentativas constantes de transformar as práticas repressivas e judiciais de um Estado formalmente baseado na lei em práticas cuja arbitrariedade escancarada implica o jugo de um Estado autoritário. A existência meramente formal de um modelo garantista traz a possibilidade de luta – dentro das regras do jogo institucional – por condições materiais de igualdade jurídica e de respeito aos direitos fundamentais.

Se tal reflexão fosse apenas com o intuito de apresentar um livro já relativamente conhecido, pararia por aqui. Mas é espantosa a precisão do autor na sua descrição do modelo decisionista-autoritário, tendo em vista os últimos desdobramentos processuais e as últimas decisões da Corte Constitucional brasileira. Focando-nos no processo como um todo, ou somente nos últimos desdobramentos, como o famigerado "fatiamento" das condenações sem trânsito em julgado, ou a prisão em regime fechado de réus condenados ao regime semiaberto, ou ainda os desmandos pessoais do presidente da Corte – que parece operar sob plena influência de uma subjetividade persecutória, obscurecida por interesses políticos ainda não explicitados no todo –, o livro de Ferrajoli traz luzes intensas sobre estes movimentos.

Vamos a ele, ou melhor, à citação do conteúdo parcial de apenas duas páginas do livro (p. 36-7): o decisionismo no processo penal caracteriza-se, segundo Luigi Ferrajoli, pelo "caráter não cognitivo, mas potestativo do juízo e da irrogação da pena. O decisionismo é o efeito da falta de fundamentos empíricos precisos e da consequente subjetividade dos pressupostos da sanção nas aproximações substancialistas e nas técnicas conexas de prevenção e de defesa social."

Segundo o autor, a subjetividade se manifesta na direção do "caráter subjetivo do juízo, que, na ausência de referências fáticas determinadas com exatidão, resulta mais de valorações, diagnósticos ou suspeitas subjetivas do que de provas de fato." Para Ferrajoli, este fator de subjetivação "degrada a verdade processual, de verdade empírica, pública e intersubjetivamente controlável, em um convencimento intimamente subjetivo e, portanto, irrefutável do julgador."

Peço licença para uma citação longa que expressa com clareza a conclusão do jurista italiano sobre o tema: "À atenuação ou dissolução da estrita legalidade se unem, assim, aquelas da estrita jurisdicionalidade: quer dizer, uma atenuação, até os limites da arbitrariedade, do poder de rotulação e de inquisição do juiz, que vem a configurar-se, segundo a ocasião, como confessor, psicanalista ou terapeuta social, em todos os casos desvinculado de critérios rígidos e certos de qualificação penal. E o juízo penal, da mesma forma que o ético ou o estético, degenera em juízo 'sem verdade': não motivado por juízos de fato, isto é, por inserções verificáveis ou refutáveis, mas por juízos de valor, não verificáveis nem refutáveis porque, por sua natureza, não são verdadeiros nem falsos; não baseado em procedimentos cognitivos, pelo menos tendencialmente, e, por isso, expostos a controles objetivos e racionais, senão em decisões potestativas; não realizado mediante regras de jogo – como o ônus da prova e o direito à defesa – que garantam a 'verdade processual', mas confiado à sabedoria dos juízes e à 'verdade substancial' que eles possuem."

Finaliza: "É claro que este modelo de juízo penal potestativo, em vez de cognitivo, tem uma intrínseca natureza autoritária. Seu fundamento é exatamente o inverso daquele próprio do modelo garantista: sem uma predeterminação normativa precisa dos fatos que se devem comprovar, o juízo remete, na realidade, muito mais à autoridade do juiz do que à verificação empírica dos pressupostos típicos acusatórios. Por outra parte, seu caráter não cognitivo nem estritamente vinculado à lei contradiz a sua natureza jurisdicional no sentido acima já determinado. Se, com efeito, 'juris-dição' designa um procedimento de comprovação dos pressupostos da pena que se expressa em assertivas empiricamente verificáveis e refutáveis, qualquer atividade punitiva expressamente contrária a este esquema é algo distinto de jurisdição. Trata-se, precisamente, de uma atividade substancialmente 'administrativa' – ou se quisermos, 'política' ou 'governativa' – caracterizada por formas de discricionariedade que, ao afetar as liberdades individuais, inevitavelmente desembocam no abuso." (Tradução do capítulo por Juarez Tavares)

(23/11/2013)

A OPERAÇÃO LAVA JATO E A SÍNDROME DE ESTOCOLMO AO REVÉS

Depois de um período de coerção e intimidação, algumas vítimas de violência tornam-se simpáticas e emocionalmente dependentes de seus agressores. É o que se denomina "síndrome de Estocolmo" desde que, em 1973, sequestrados num roubo a banco passaram a defender e proteger seus sequestradores, criando até um fundo para ajudar nas custas judiciais destes últimos. No caso da operação "Lava Jato", a necessidade inconsciente de autopreservação que leva à simpatia com os algozes parece não atingir o "doleiro" Alberto Youssef, mas sim o juiz Sergio Moro e os integrantes do Ministério Público Federal ligados ao processo.

A notícia desta terça-feira, fevereiro de 2015, é que o MPF solicitou a redução da pena pela metade do réu que é considerado o operador financeiro do esquema de corrupção investigado. Tal fato acontece, segundo o MPF, porque o doleiro colaborou na "delação premiada" apontando os políticos supostamente envolvidos no desvio de dinheiro público da Petrobrás.

Se verídica a denúncia apócrifa divulgada pelo jornalista Paulo Henrique Amorim,[1] de que os réus da operação estariam sendo submetidos a torturas físicas e psicológicas nas dependências da Polícia Federal em Curitiba (PR), era de se esperar que a notícia fosse a da colaboração efusiva dos empresários da construção civil acusados de fraudarem as lici-

1 AMORIM, Paulo Henrique. Os dias e as noites na Guantánamo do Dr. Moro. Disponível em: https://www.conversaafiada.com.br/tv-afiada/2015/02/06/os-dias-e-as-noites--na-guantanamo-do-dr-moro/. Acesso em: 06 fev 2015.

tações da empresa de petróleo, assim como tem feito o doleiro. Talvez isto até aconteça, se os mecanismos da síndrome de Estocolmo são realmente universais e se não houver interesses em que permaneçam calados como estão.

E mesmo que não seja o caso da existência de tortura física e psicológica – o que deve ser apurado pelo Ministério da Justiça –, a PF sabe operar as engrenagens de indivíduos em situação de fragilidade para produzir informações. Não somente a PF, mas qualquer polícia investigativa do mundo utiliza-se de expedientes *psi* para tal propósito. A síndrome de Estocolmo é, assim, um sintoma até esperado na estratégia de se produzir a delação.

Veja. Não se está negando a existência de um esquema complexo e ramificado de assalto ao erário público e que envolve não somente os desvios da Petrobrás, mas do Itaquerão, do Monotrilho da Vila Prudente, do Rodoanel do Trecho Sul em São Paulo, e de outras obras através de negócios coordenados por Youssef com grandes empreiteiras brasileiras.

O interessante é notar como, desde o começo das notícias que cercam a espetacularização deste processo judicial, as autoridades envolvidas têm se submetido de peito aberto e de forma entusiasmada às verdades produzidas por um sujeito que sabidamente circula pelo submundo da criminalidade de colarinho branco há décadas, e que já traiu a confiança da justiça em outra ocasião e o fazem, ao que parece, para além do que o resto das provas podem – ou querem – sustentar.[2]

A operação Lava Jato está produzindo uma verdadeira sacralização da delação premiada, equiparando-a retoricamente a uma confissão no leito de morte, onde a palavra dita representa para o delator uma forma de purificação espiritual capaz de lhe angariar o reino dos céus.

Além disso, onde a versão se transforma automaticamente em fato, em verdade vivida, sem a necessidade da mediação cuidadosa do que o mais elementar manual de processo penal denomina de conjunto proba-

2 ROSÁRIO, Miguel do. Doleiro operava para FHC, Serra e Beira-Mar. Disponível em: https://www.ocafezinho.com/2014/10/24/doleiro-operava-para-fhc-serra-e-beira-mar/. Acesso em: 24 out 2014.

tório. A verdade da delação parece valer, neste procedimento sui generis, por si só.

E como consequência, faz do delator um sujeito ungido pela purificação da confissão, o que lhe garante um arremedo do perdão nos moldes do que acontecia após as confissões sob tortura sob o jugo da Santa inquisição. É nesta estratégia que podem estar apostando seus condutores para "quebrar o silêncio" dos empreiteiros presos.

Mas se a Justiça Federal e o MPF encontram-se em estado de epifania diante do doleiro, a situação de dependência psicológica – e, porque não – jurídica e política é inversa à síndrome de Estocolmo. Os "algozes" por assim dizer, é que necessitam da aprovação produzida pela "verdade" revelada.

As sendas tortuosas da "delação premiada" representam um caminho para a redenção das autoridades, que arrancariam a verdade hedionda de um condenado, salvando a sociedade. Mas, numa perspectiva menos performática, é também um subterfúgio para que viceje o primado da hipótese sobre o fato, sintoma usual dos procedimentos de natureza inquisitorial.

Na *inquisitio*, a autoridade constitui uma interpretação sobre o que acredita ter acontecido e conduz – às vezes inconscientemente – os testemunhos na direção de sua verdade imaginada, à revelia do que efetivamente poderia provar com o trabalho exaustivo que caracteriza o sistema de provas judicial, que exige o contraditório e a ampla defesa.

Em resumo, a "delação premiada" aprofunda a submissão do sistema jurídico brasileiro à lógica inquisitorial, essencialmente autoritária e avessa às garantias constitucionais do Estado Democrático de Direito.

A necessidade de aprovação psicológica e política que induz o perdão de um indivíduo que já traiu a verdade da delação em outra oportunidade é preocupante. O "contingenciamento" de outras delações, que podem atingir políticos e transferir o processo da Justiça Federal do Paraná diretamente para o STF, se confirmado, poderá anular todo o processo.

E assim, ninguém responde judicialmente, da mesma forma como ocorreu no outro processo em que a delação do doleiro foi capital apenas para a sua própria condenação. Lá em 2004 Youssef traiu as expectativas do próprio Sergio Moro e aproveitou a delação para se cacifar no mercado das operações financeiras ilegais.

Longe de constituir um evento que vai "mudar a história do Brasil" a operação Lava Jato a confirma de forma patética. Ela é uma espécie de "Santa Inquisição" rediviva, turbinada pela grande mídia, num afã de moralizar a política através do direito, que só não é vã e ingênua porque a criminalização está sendo seletiva, e ao sabor dos interesses dos meios de comunicação.

O amor bandido que traz mais uma vez Alberto Youssef para as mãos da justiça paranaense – que, de novo, confia e perdoa – é um episódio exemplar de como as práticas do processo penal ainda estão longe de procedimentos impessoais e da constituição democrática que as guarda. É a expressão de um movimento seguro em direção a um sistema de justiça criminal autocrático, arbitrário e pouco poroso às garantias e direitos fundamentais. A ostentação espetaculosa de um processo judicial submete os fins aos meios. Subordinar o juízo à imprensa é a garantia de seu fracasso enquanto pretenso modelo civilizatório. Neste exemplo "modelo", perde a Justiça, perde a democracia, perde o povo brasileiro.

(11/02/2015)

UMA JUSTIÇA POLÍTICA: O CASO DA "LAVA JATO" *

Os últimos tempos comprovaram uma verdade histórica insistente no país: a direita brasileira considera que dentre as regras de circulação das elites políticas está a impossibilidade de as classes baixas ascenderem ao poder. Ao menos como força política independente, e não como indivíduos subalternos.

Opondo-se ao voto popular – desde Vargas até Dilma, passando por Jango e Lula –, a direita sempre entendeu que todas as armas podem ser mobilizadas para extirpar o predomínio da agenda social na política. O recém-fomentado ódio ao PT pode encontrar aí a sua explicação. Por que mexer nas estruturas econômicas? Que se deixe aos pobres a pobreza.

Mas o sertanejo – o povo –, já dizia Euclides, é antes de tudo um forte. E contra a neurastenia das elites, bradou pelo seu direito e ganhou a disputa no voto. De brinde, recebeu dos antagonistas o desprezo e o ódio – e a certeza de que o planalto não lhe pertenceria sem luta.

A conclusão da direita acerca das últimas décadas de eleições no país é a seguinte: *se pelo sistema democrático não dá para disputar o poder com a massa, uma alternativa a se testar é o recurso aos tribunais como forma de guerra.*

Ocorre que, em geral, *são os regimes de força que lançam mão de suas instituições jurídicas para se perpetuarem no poder*. Mas, no Brasil, a lógica se retorce para afirmar a regra: a direita, alijada de seus domínios e prebendas depois de décadas, pode operar, sem pudores, através das instituições que lhes são leais por afinidade eletiva.

Assim, mesmo sem controlar a máquina, ela utiliza o Judiciário brasileiro como *verdadeiro instrumento de partido*, violentando o Estado de Direito e o orientando para sustentar o golpe de Estado.

Tal estratagema é bastante incomum na história política do ocidente, especialmente se se leva em consideração as formas usuais de disputa de poder, como a força, o dinheiro e, desde os anos 1930, a manipulação emocional das massas pela mídia.

Fora do governo e sem a legitimidade do voto, utilizar-se a direita do recurso aos Tribunais mostra-se uma estratégia e tanto.

Tanto mais se *a meta de eliminar a oposição política é potencializada pela variada gama de pressões psicológicas mobilizadas pelos meios de comunicação*. Uma exposição negativa reiterada e diuturna destrói qualquer reputação e é capaz, por exemplo, de transformar facilmente boatos em provas.

Os meios de comunicação, quando partidarizados, *podem substituir completamente a autenticação dos procedimentos jurídicos e, inclusive, destruir seus limites*. O que importa é *alcançar integralmente os fins políticos almejados e não preservar a retidão dos meios jurídicos à disposição*.

Ainda assim – isto é, independentemente da corrupção do procedimento –, se pode dizer que a função histórica dos tribunais na disputa pelo poder sempre fora a de *eliminar o inimigo político do regime dominante e atribuir legitimidade à ação política através dos procedimentos judiciais*. A criminalização dos oponentes dá autoridade ao regime de força que, por outros meios, não alcançaria a hegemonia.

Se o PT tivesse sido derrotado em 2006 com a judicialização dos 40 "ladrões" do "mensalão" ou em 2014, com os vazamentos ilegais da operação "sigilosa" do TRF da 4ª Região, a estratégia de judicialização e consequente criminalização do PT avançaria. Teria convertido o fato da derrota eleitoral na imagem de sua necessidade histórica.

Mas o PT foi vitorioso nas urnas por quatro vezes.

Assim, a única representação histórica a ser garantida pela AP 470 será a de um procedimento judicial cujo "ponto" foi considerado pelos próprios ministros do STF como "fora da curva": onde indícios valeram como provas, fundamentaram condenações balbuciadas sem o menor pudor, a "Teoria" do "domínio do fato" transformando-se na corruptela "jurídica" a sustentar um golpe malsucedido.

O resumo é que o real combate à corrupção – para além dos factoides –, ficaria para debaixo do tapete se não fosse uma bandeira compartilhada democraticamente. Ao contrário do que quer afirmar a direita – vide a "preferência" de suas instituições repressivas pelos pobres –, o povo também não gosta de roubalheira.

Ao final, a seletividade dos inúmeros "vazamentos" a produzir "escândalos" diários, esvaziados com a publicação da lista da "Operação" "Lava Jato" pelo STF – que atingiu em cheio um partido à sombra das manchetes (o PP, de 32 investigados) –, foi mais um passo histórico para afirmar o Judiciário como um instrumento antidemocrático de uma direita avessa à sociedade e à nação.

Ao lado da democratização da mídia, da proteção da Petrobrás, do Estado de Direito, das instituições democráticas e da reforma política, parece que chegou a hora de lutar pela democratização do Judiciário e por sua blindagem das disputas sujas pelo poder.

*Em itálico estão frases do livro *Justiça política* (1961), do jurista e sociólogo alemão Otto Kirchheimer (1905-1965), que serviu de inspiração e diálogo para este texto.

(07/03/2015)

JUIZ LAVA JATO

O juiz Lava Jato, em seus procedimentos e decisões, tem a pretensão de funcionar como um burocrata que maneja o instrumental técnico do direito sem manifestar envolvimento pessoal ou individual. Figura no processo como uma engrenagem especializada: apesar de representar uma autoridade, um poder político, ao manter a aparência de distanciamento e ausência de "interesse" no caso examinado, deseja ser visto, em geral e especialmente, como destituído de responsabilidade ou intencionalidade política. A aplicação da lei toma, sob sua jurisdição, a forma de um resultado exclusivamente técnico, onde prevalece a avaliação derivada do conhecimento do direito e onde desaparece a vontade e a escolha na conformação da decisão.

O processo judicial e o decidir do juiz Lava Jato não são apresentados como a resultante de uma escolha política, determinada pela visão de mundo vinculada e personalizada na autoridade de quem decide, influenciada por elementos de classe, por percepções, afetividades e afinidades conscientes ou inconscientes. A decisão expressa na sentença, nos mandados de prisão preventiva ou na escolha pela delação é vista e compreendida, pelo contrário, como uma derivação da regularidade racional das normas.

A suposta aplicação impessoal e equidistante do direito, efetuada pelo juiz Lava Jato, opera uma sacralização do processo e uma purificação do próprio aplicador da lei que funcionam como uma verdadeira canonização, uma blindagem do juízo à crítica. As decisões deste juiz são tidas, assim, como neutras e indiferentes a valores. Há uma verdadeira fé na neutralidade do processo judicial. Uma fé que – interessantemente –, não se explica pelos seus resultados ampla e sistematicamente enviesados.

A estrutura discursiva que legitima o operar do juiz Lava Jato não elimina a disputa política inerente ao mundo real, neutralizada nas fórmulas decisórias do direito e expressas nas lides judiciais. O conflito político, próprio da vida social, é apenas ocultado. Subjaz ao caráter técnico e asséptico da decisão, da manutenção do réu preso, da decretação da prisão, de todo ato judicial, a sua resultante política. Isto porque o direito enquanto instrumento técnico, neutro e cego a valores, está necessariamente subordinado à direção e aos valores de quem decide. Curiosamente, enquanto os instrumentos técnicos não têm a capacidade de decidir, a decisão porta a direção.

A interpretação que põe e orienta concretamente a norma jurídica lhe é externa. Isto significa que o sentido do direito é determinado a partir de fora. Então, a vinculação entre aplicação técnica do direito e uma finalidade moral ou ética automaticamente alcançada é uma conexão irreal e/ou ingênua. Toda e qualquer finalidade ética e moral é pessoalmente desejada por quem aplica o direito, e este é aplicado de forma a que esta finalidade específica seja alcançada.

O sentido do direito é determinado por quem o aplica. A consequência deste fato sociologicamente apreciável é que quem conduz o direito no sentido que deseja reclama para si o poder que deriva de sua aplicação. Assim, o juiz Lava Jato não é um servo do direito. É o seu senhor. E um senhor que comanda este instrumento cego de acordo com as suas necessidades, percepções e interesses, sejam eles conscientes ou não.

A luta pelo direito é a luta para saber quem será capaz de dominá-lo politicamente, porque o seu domínio político representará a possibilidade da divinização da visão de mundo de quem o controla. O domínio político através do direito se realiza como sacralização da vontade de quem decide e como canonização da decisão em si.

Neste sentido, o juiz Lava Jato, que inicia o seu processo de ascensão política como um burocrata, como uma engrenagem técnica do ordenamento jurídico, pode figurar sem problemas como o portador da verdade. A imparcialidade da burocracia judicial transforma-se, num passe de mágica, na potência heroica do dirigente político, assentado na função de juiz.

Este processo opera uma espécie de rebaixamento do próprio direito. Este deixa de ser um instrumento de afirmação do poder republicano e da vontade popular expressos na constituição e se transforma, nos espaços reservados do foro, em arbítrio privado, individual e egoico.

Paradoxalmente, a veiculação de que as decisões judiciais são universais, abstratas, impessoais e, portanto, "justas" é uma abstração provocada por quem tem interesse em não se comprometer com o que se faz e o que se fez. As consequências possíveis de um proceder técnico não são de responsabilidade de ninguém. Se as prisões, as delações, os procedimentos e acusações forem invalidados posteriormente, "a culpa é do processo".

Irresponsável pelos atos e inimputável pelas consequências, o juiz Lava Jato pode se permitir construir e reconstruir, a seu bel-prazer, o processo e os procedimentos. Quantas vezes quiser. E por quanto tempo desejar. O direito se transforma, em suas mãos, em uma novela fantástica, manipulada pelo discurso jurídico e pela autoridade da razão aclamada.

Ao mesmo tempo em que não se compromete politicamente com a realidade concreta, o juiz Lava Jato transforma-se no demiurgo do futuro através da construção discursiva de uma república imaginária, pura, existente no espaço exclusivo de sua fantasia. Isto significa que ele se torna eticamente responsável apenas por si mesmo. Emancipado das amarras do processo (e da realidade) por suas interpretações e isolado por elas da necessidade de explicar-se pelos seus atos, toma de Deus o lugar do absoluto.

E neste lugar, para além de qualquer controle – inclusive o democrático –, pode reivindicar que a sua forma de conduzir a república é a única coisa que interessa. A estabilidade institucional, a permanência da democracia, o controle político do processo representativo, tudo o que pode perecer a partir das consequências de seus atos é compreendido, interpretado e aceito sem conflito, posto que a passividade constitui a essência de quem se entende ou se justifica publicamente como um simples burocrata. E esta é a essência do mal.

Este modelo de juiz, o juiz Lava Jato, representa filosoficamente a essência do mal porque o mundo lhe aparece como simples ocasião para o seu deleite individual. O burocrata aqui se despe revelando-se como um perverso. A sua perversidade específica é considerar que o direito, enquanto regra e estabilidade – o direito como garantia, como devido processo –, deve estar submetido à variação de seus interesses secretos. A impessoalidade da norma contrasta – e mesmo nega – a vontade de poder deste indivíduo que a opera.

O indivíduo-burocrata transforma-se em juiz-Deus-Estado. Sua subjetividade é catapultada à posição política de norma condutora da interpretação da vida social. A ideia de corpo social se desfaz na subjetividade de seu agente-condutor. E o futuro da democracia torna-se pobre, sórdido, embrutecido e curto.

(19/05/2015)

pluralidade discursiva enriquece e qualifica a nossa ação: quanto mais interpretações, menor é a distância do mundo real – que, de resto, nunca se extingue.

No Brasil, um país cultural e historicamente formatado pela diversidade, o discurso político que tem vicejado é curiosamente avesso ao pluralismo e à diferença. O resultado é que determinadas versões têm sido sistematicamente sobrepostas à realidade sem que haja espaço para o dissenso, para razões diversas e mesmo para o diálogo. Neste contexto de discurso hegemônico, o mundo real passa a importar menos que a versão. Na filosofia política, a perspectiva absolutista – ou o absolutismo filosófico – é o conceito revelador deste modo de operar.

Na perspectiva absolutista, os indivíduos creem que os fatos do mundo não precisam de interpretação e que a complexidade do real é completa e claramente acessível ao conhecimento. O discurso é compreendido como uma espécie de fotografia da realidade, que a descreve precisamente e em todas as suas nuances. Não há espaço para dúvida, hipótese diversa, questionamento. Os fatos revelam, para esta perspectiva, uma verdade absoluta. A onisciência redunda numa compreensão objetiva, definitiva, inquestionável e universal. A perspectiva absolutista é autoritária.

O absolutismo da compreensão verdadeira do mundo implica na autoridade absoluta de quem o interpreta e na verdade inquestionável de seus valores. A perspectiva absolutista é, portanto, gêmea univitelina do autoritarismo político. A autoridade absoluta determina uma interpretação verdadeira que implica na assunção de valores que devem ser universalmente reconhecidos e válidos para todos. A perspectiva absolutista é autoritária e personalista: a vontade do intérprete se transforma em verdade inquestionável, independente e infensa ao questionamento. O absolutismo é, assim, o avesso do conhecimento.

A perspectiva absolutista vem se instalando no país desde, pelo menos, a exposição midiática massiva da Ação Penal 470, alcunhada de "mensalão" durante os anos 2000 e, mais recentemente, do tratamento compreensivo e da exposição da "Operação Lava Jato". Nestas, as regras do processo – judicial, inclusive – passam a ser menos importantes do que os resultados e há a clara defesa da ideia de que podem ser "dispensadas" para o seu alcance.

Assim, o discurso que hegemoniza é de caráter predominantemente moral, que termina por atacar a prática política em geral – e a de coalizões em particular – como deletéria à democracia. Um discurso cuja moralidade é tida como absoluta e inquestionável, superior a quaisquer outras interpretações e valores conflitantes.

A consequente crítica genérica à política, fundada no discurso de sua corrupção, produz, além da forte radicalização do debate, a moralização dos argumentos. Isto leva a posturas intransigentes e irracionais, à dissolução de direitos e à amplificação da violência institucional e social, com violação das regras do jogo.

O Estado de Direito passa a ser interpretado, portanto, como um entrave no processo de "profilaxia" da política. Este quadro revela a despreocupação da perspectiva absolutista com a permanência da democracia. E o sentido que se passa a atribuir à ordem jurídica deixa de ser o de uma desigualdade tolerada e passa a ser o de uma desigualdade desejada.

(26/05/2015)

QUEM QUER PRENDER LULA?

Com João Ricardo Dornelles, José Carlos Moreira da Silva Filho e Sérgio Graziano

Como funciona sem a necessidade de motivações consistentes ou provas, a Justiça Federal do Paraná poderá determinar em breve[1] a prisão preventiva do ex-presidente Luiz Inácio "Lula" da Silva. Este ato, caso ocorra, coroará uma estratégia política da oposição de direita no Brasil que, obviamente, caminha bem distante da propalada ética na política que defende de forma dura, porém seletiva (somente para os outros).

Segundo o colunista do Globo, Ricardo Noblat,[2] a prisão de Lula seria a intenção das autoridades que conduzem o caso. Se ocorresse, este descalabro teria o nome, no processo penal, já se disse aqui, de primado da hipótese sobre o fato. Sem fatos, o que orienta a atuação do juízo é a sua suposição, segundo a qual houve delito. A confirmação desta hipótese será perseguida independentemente do que tenha realmente ocorrido.

A pergunta que a esquerda se faz neste momento é clássica: o que

---

1 Esse texto é de 21 de junho de 2015. Lula sofreu uma condução coercitiva ilegal em 04 de março de 2016. O STF decidiu, contra o texto expresso da Constituição, autorizar a prisão após a condenação em segunda instância em 05 de outubro de 2016. Lula foi preso em 07 de abril de 2018. Em 07 de novembro de 2019, o STF derruba a decisão relativa à prisão em segunda instância e Lula é libertado no dia seguinte.

2 NOGUEIRA, Kiko. Juiz Moro chama Lula de "nine", em referência a nove dedos, diz colunista. Disponível em: https://www.diariodocentrodomundo.com.br/essencial/juiz-moro-chama-lula-de-nine-em-referencia-a-nove-dedos-diz-colunista/. Acesso em: 20 jun 2015.

fazer? A eventual prisão de Lula poderia representar uma chancela definitiva à criminalização de toda a esquerda no país, tanto mais quanto a direita não tem um candidato forte para 2018 e Lula, apesar dos ataques da mídia, continua um concorrente respeitabilíssimo.

A população pobre já conhece há muito o lado fascista da justiça criminal brasileira. Prendem-se e mantêm-se presos réus somente com indícios e prisões policiais são chanceladas pelo judiciário de forma burocrática e pouco criteriosa (sobre isto, veja a pesquisa do IPEA e do Ministério da Justiça[3]).

Este juízo, nem um pouco técnico e que não obedece a formalidades legais ou a princípios constitucionais básicos, tomou ar de sofisticação através da introdução da famigerada delação premiada na "Operação Lava Jato". Assim, parece que o constrangimento de réus confessos e a coação para que admitam somente o que interessa às autoridades tornaram-se o fundamento jurídico por excelência do funcionamento do Tribunal Regional Federal da 4ª região.

Como já dito, esta sacralização da delação premiada equipara-a retoricamente a uma confissão no leito de morte, onde a palavra dita representa para o delator uma forma de purificação espiritual capaz de lhe angariar o reino dos céus. Além disso, onde a versão se transforma automaticamente em fato, em verdade vivida, sem a necessidade da mediação cuidadosa do que o mais elementar manual de processo penal denomina de conjunto probatório. A verdade da delação parece valer, neste procedimento sui generis, por si só. E como consequência, faz do delator um sujeito ungido pela purificação da confissão, o que lhe garante um arremedo do perdão nos moldes do que acontecia após as confissões sob tortura sob o jugo da Santa inquisição. É nesta estratégia que mais uma vez apostam

---

3 SANTOS, Rogerio Dultra dos; LEITE, Douglas Guimarães, et alli. *Excesso de prisão provisória no Brasil*: um estudo empírico sobre a duração da prisão nos crimes de furto, roubo e tráfico. Disponível em: chrome-extension://efaidnbmnnnibpcajpcglclefindmkaj/http://pensando.mj.gov.br/wp-content/uploads/2015/05/rog%c3%a9rio_finalizada_web.pdf. Acesso em: 21 jun 2015.

seus condutores para "quebrar o silêncio" dos empreiteiros presos recentemente.

Revela-se, nestes procedimentos judiciais tortos, uma finalidade político-ideológica: por um lado, criminalizar a pobreza e, por outro, derrotar no foro as forças políticas que venceram nas urnas. Afinal de contas, a técnica jurídica utilizada como recurso de justificação não elimina a disputa política inerente ao mundo real, neutralizada nas fórmulas decisórias do direito. O conflito político, próprio da vida social, é apenas ocultado. Subjaz ao caráter técnico e asséptico da decisão, da manutenção do réu preso, da decretação da prisão, de todo ato judicial, a sua resultante política. Isto porque o direito enquanto instrumento técnico, neutro e cego a valores, está necessariamente subordinado à direção e aos valores de quem decide.

Há um incensado "clamor" "social" – anabolizado e gerido pela grande mídia –, de que a corrupção seja eliminada da política. Mas a corrupção localizada no PT. Um clamor social seletivo que, por ser seletivo, não passa de moralismo interessado e de araque.

Esta junção entre interesses políticos antirrepublicanos, pauta enviesada da mídia corporativa e corrupção do devido processo legal pode ter começado na Procuradoria Geral da República. Em 2006, houve uma manobra – apontada como tal pela imprensa –[4] para que fossem exatos 40 os réus indiciados na Ação Penal 470, alcunhada de "mensalão". Assim, os "40 ladrões" dariam margem retórica para que se imaginasse que o "Ali Babá" maligno, por trás das mesadas a deputados (mesadas e deputados nunca nominados no processo, diga-se de passagem), fosse o então presidente Lula.

Na sua quarta vitória eleitoral consecutiva, as forças de esquerda, apesar de predominarem no país pelo voto, veem constantemente a sua hegemonia política ameaçada pelos interesses das classes economicamen-

4 AMORIM, Paulo Henrique. Cunha contrata o do Ali Babá e os 40 ladrões. Disponível em: https://www.conversaafiada.com.br/politica/2015/03/04/cunha-contrata-o-do-ali-baba-e-40-ladroes/. Acesso em: 04 mar 2015.

te dominantes. Como já se disse, a conclusão da direita acerca das últimas décadas de eleições no país é a seguinte: se pelo sistema democrático não dá para disputar o poder com a massa, uma alternativa a se testar é o recurso aos tribunais como forma de guerra.

A guerra, agora, parece ser impedir que Lula se firme como candidato das esquerdas em 2018. Sem esquecer que se Lula caísse, Dilma poderia cair também. Com eles, e através de um procedimento cheio de inconsistências técnicas, jurídicas e ideológicas soçobrariam a república e a fórmula democrática. Estabelecido o contexto possível, resta saber o que fazer.

A favor de Lula, além do mistério que ronda as consequências políticas globais de uma eventual prisão – incerteza que pode colocar limites à sanha golpista – há:

> 1) a possibilidade da mobilização da consciência jurídica nacional e internacional, que compreende que a operação Lava Jato viola tudo o que se entende por devido processo, presunção de inocência, juiz natural e reserva legal;
>
> 2) a possibilidade de que chegue ao fim o imobilismo das instituições políticas nacionais, que podem laborar como freio e contrapeso ao funcionamento desatinado do Judiciário, cobrando-lhe consistência jurídica, como é o caso do Ministério da Justiça e do Conselho Nacional de Justiça;
>
> 3) a capacidade interventiva das autoridades e instituições políticas e jurídicas internacionais, que podem constranger a direita brasileira a controlar sua sanha golpista e respeitar o jogo político;
>
> 4) a mobilização das classes populares, que sempre sentiu na pele o preconceito e o arbítrio e pode ir às ruas defender a

democracia e a república;

5) a autoridade política da maior liderança nacional das últimas décadas, que pode fazer todos estes elementos funcionarem a seu favor.

A ver.

(21/06/2015)

UMA FÁBULA SOBRE O FUTURO DO JUIZ SERGIO MORO

Imagine que você é um juiz criminal e tem dois objetivos: a) transformar-se em herói nacional, prendendo grandes executivos, parlamentares e donos de grandes empresas com estardalhaço e em rede nacional, e, ao mesmo tempo, b) contribuir para destruição de um agrupamento político importante, porém incômodo, abrindo o caminho para que as assim consideradas elites tradicionais retomem o controle do Estado.

Estes dois alvos, veja, são complexos e trazem um sem-número de efeitos colaterais. Deverá evitar, acima de tudo, que os danos se voltem contra você.

Mas a receita do sucesso é relativamente simples: feche negócio com o Ministério Público, que geralmente quer ver qualquer coitado que passa pela sua frente nas grades; transforme-se em associado eletivo e fonte de informação privilegiada para jornalistas da grande mídia e, o ingrediente fundamental da receita, mele o processo, isto é, evite que ele prospere para além dos factoides que você irá criar.

Isto mesmo. Se você quer: a) aparecer de paladino da justiça, b) produzir dezenas de imagens simbólicas de empresários algemados e passando necessidade atrás das grades, durante o tempo que você quiser, c) criminalizar e, ao final, sepultar o maior partido de massas do país, abrindo as portas para o modo usual de governo das elites, faça de tudo para que ninguém seja de fato condenado. Um rico algemado no jornal de hoje vale mais que mil políticos condenados não se sabe quando e nem por quem.

Estabelecidas as linhas gerais, preocupe-se com os detalhes.

Um pormenor de peso é o seguinte: uma coisa é o processo penal e outra coisa completamente diferente são os direitos previstos na Constituição. No processo, esses direitos não precisam ser obedecidos. Como você é um juiz e não um constitucionalista, nem defensor de direitos humanos para bandido, não se importe com a Constituição nem com o "devido processo", ou mesmo com o "princípio" da legalidade (pois este é só um valor), com a ampla defesa, nem com esse negócio de presunção de inocência. Se há presunção é porque os indiciados e réus têm culpa no cartório. Em resumo: não perca tempo com direitos fundamentais. Deixe isto para os Ministros do STF (mas lembre-se, o ideal mesmo é que este processo nunca chegue lá. Você não precisa disto: a ideia é que a República caia antes).

Outra coisa relevante: nunca prenda ninguém com base em provas. Para que perder tempo e dinheiro público com investigações infindáveis, análises contábeis, escutas autorizadas, perícias de documentos, softwares, imóveis e contas, ou com testemunhas inalcançáveis. Prenda sem motivo. A doutrina o autoriza a fazer isto. Até mesmo a associação de magistrados vai apoiar a sua conduta. Praticamente todos fazem a mesma coisa. A diferença importante é que você vai fazer com ricos e políticos. *Ma non troppo*. Lembre-se: é tudo fogo de palha.

Agora, se você quer mesmo brilhar em cada passo, preocupe-se que, em todos os movimentos da Polícia Federal, em cada conversa de seu grupo de procuradores com a mídia e em cada folheada dos autos em segredo de justiça sempre vaze uma coisa. Pode ser um nome, ou melhor, uma lista de nomes de políticos que supostamente poderiam ser investigados, uma conta na Suíça (mesmo que declarada no Imposto de Renda), um bilhete que seja. Cada vazamento gerará uma avalanche de suspeitas, de teses, acusações e defesas que permitirão que os seus réus sejam vistos sempre como mais culpados e mais criminosos. E isto tudo sem que você precise escrever uma linha.

Vão questionar os seus procedimentos. Afinal, ricos e poderosos geralmente têm bons advogados. Mas, lembre-se, você tem a mídia ao seu lado! Uma notícia de primeira página abafa a voz de qualquer advogado. Com a amplificação dos telejornais, com a repetição das redes sociais e com a chancela dos periódicos impressos, as suas hipóteses virarão indícios, as suspeitas, provas e as delações – atente-se para as delações! – serão o combustível para a transmutação de qualquer dúvida em verdade. Afinal, um dedo em riste vale mais que mil análises contábeis.

Outra coisa que vai demandar atenção é o trato com a classe política. Comece perseguindo o segundo escalão. Eles não estão acostumados a lidar com o mundo do direito. Se aproveite disso. Como você precisará de apoio nas cortes superiores para chegar ao estrelato, não se esqueça de bajular os Ministros do Supremo. Dê presentes para eles em forma de militantes presos. Um militante histórico algemado na Proclamação da República não tem preço. E irão te agradecer por isto, não colocando nenhum óbice seja na prisão dos tubarões graúdos, seja na sua futura indicação. Pense nisto com carinho. Este é o seu gol.

Mas, lembre-se, não vão deixar você em paz. Se prepare para isto e oriente seus familiares. O silêncio e a constrição são o melhor remédio. Deixe que a mídia faça o seu trabalho. Ela está ao seu lado e irá chancelar cada passo que você der. Ainda assim irão questionar a sua imparcialidade. Finja que não é contigo. Você acabará ganhando algum prêmio empresarial e sairá em editoriais e capas de jornais e revistas como um empreendedor de sucesso! Nem o Tribunal nem mesmo o Corregedor terão coragem de colocar freios em você, mesmo que você acabe falando ou dando declarações esquisitas aqui ou ali. No fundo, estarão todos te aplaudindo (ou com medo da repercussão negativa)!

Apesar de ser a sua finalidade capital, não deixe o sucesso subir à cabeça. Você será convidado para dezenas de conferências, entrevistas, clubes e jantares. Todos o festejarão no supermercado, no shopping, na farmácia. Mas é você que tem a caneta. A responsabilidade da condução do processo é sua. E quando disserem que está na hora de prender um presidente, pense duas vezes.

Quem faz o trabalho sujo das elites tem prazo de validade. Dura o tempo que é útil. A sua principal tarefa é conseguir sair ileso do processo. Esta é a malandragem suprema. Veja: você irá desnudar como o judiciário realmente funciona – irá desagradar não somente a classe dos advogados, mas aqueles que se fiam que a justiça é correta e imparcial e aqueles que sempre se locupletaram dela mas o fizeram em silêncio; você será o vértice da luta de classes no país, pois o seu processo funcionará como catarse de uma violência social que se acumula há séculos, num país cujas elites são, no fundo, escravagistas; você colocará em questão a ordem jurídica, pois o direito e suas regras atrapalham o desenvolvimento de seu processo; você e o seu processo atacarão frontalmente a ordem democrática, já que a voz das urnas não é a voz que você ouve nas conferências, clubes e jantares – a voz das ruas deve ser calada; e você, caro amigo, você é uma peça substituível – um burocrata numa instituição entupida de burocratas com vontade de poder que nem você.

Então, agora que o seu processo está em andamento, agora que você não pode voltar atrás nem que você queira – e você, convenhamos, não quer –, chegará a hora de encarar o imprevisível. A sua malandragem deverá ser capaz de improvisar na imprevisibilidade e voltar toda a energia reativa já gerada contra você a seu favor. Esta é a malandragem usual da classe política e da classe empresarial. O seu problema é que você fez direito. Não é nem político, nem empresário. Vai ter que se virar nos trinta. E como dizem no teatro para dar sorte – por que isto tudo, você sabe, é uma pantomima – Merda para você!

(25/06/2015)

O JOGO POLÍTICO DAS FORÇAS REPRESSIVAS BRASILEIRAS

A participação da Polícia Federal na "Operação Lava Jato" revela a situação de um corpo que compreendeu a sua importância no jogo político. Isto significa que a PF irá desenvolver – pelo menos em setores que têm se mostrado hegemônicos –, cada vez de forma mais autônoma, uma agenda política descolada do controle normativo-constitucional.

A utilização da polícia no jogo político não é nenhuma novidade na história. A criminalização das oposições muito menos.

Por trás de uma pauta aparentemente respaldada pelo direito subjaz um projeto moralizador, refratário ao funcionamento naturalmente plural e contraditório da democracia. Imbuída de que porta a verdade inquestionável, a instituição se debruça sobre a vida política nacional, esquadrinhando os seus agentes e impedindo o seu curso, numa ânsia quase-religiosa de purificação do que considera estranho à república.

Foi assim com a polícia política brasileira, a DEOPS – Delegacia Especializada de Ordem Política e Social, que funcionou entre 1928 e 1983, como instrumento de criminalização e anulação das atividades de contestação oriundas das classes populares.

O emprego de serviços de inteligência para fins políticos também operou de forma sistemática com o SNI – Serviço Nacional de Informações, criado em 1964 pela ditadura e somente extinto em 1999. Órgãos do SNI instalados em Universidades, por exemplo, monitoravam as ações de dissidência ao regime, o movimento pela Anistia e o das Diretas Já.

Algo menos óbvio é que uma instituição submetida aos limites normativos oficiais é quase inviável quando a corporação define sua agenda operacional a partir de interesses próprios. É que a instituição perde seu caráter republicano, porque não submetida ao controle externo, porque não orientada pelo interesse público.

Esta anomalia institucional impede que consequências indesejadas para a vida democrática sejam determinadas de antemão.

O arrivismo político-burocrático de parte da PF, a falta de controle do Ministério da Justiça sobre as suas atividades e a criminalização da política como agenda geral de suas "operações" configuram a conjuntura que coloca em xeque a estabilidade da democracia no país.

Este processo – equivalente ao desencadeado na Itália pela "Operação Mãos Limpas" –, que aniquilou os maiores partidos e deu origem à hegemonia da direita de Berlusconi por mais de uma década, bate à nossa porta. Ninguém dele está a salvo.

O jogo pelo poder coloca, além da PF, praticamente todas as instituições do sistema repressivo brasileiro em disputa, contaminando-as com o vírus político do "heroísmo" de resultados.

E nem se precisaria ir tão longe na história do Brasil para identificar de onde surge esta mutação institucional que atinge a PF, e que parece alcançar também o Ministério Público Federal e o próprio Poder Judiciário.

O primeiro sintoma de aparelhamento político da PF foi a "Operação Lunus",[1] em 2002, articulada pelo PSDB contra a Ex-Senadora maranhense Roseana Sarney, então candidata à Presidência da República. Mesmo sendo arquivada pelo STF por falta de provas um ano depois, a operação fez naufragar a candidatura de Roseana.

O dado mais importante desta primeira grande "operação" política da PF é que ela foi articulada com a imprensa para der repercussão imediata na opinião pública, induzindo uma condenação prévia e inviabilizando a candidata do PMDB. Isto foi motivo de comemoração não somente do

1 CARTA CAPITAL. Caso Lunus e a verdade dos fatos. Disponível em: https://www.cartacapital.com.br/politica/caso-lunus-a-verdade-dos-fatos. Acesso em: 16 jul 2015.

PSDB, mas inclusive da – à época – oposição petista.

Chegando à presidência, Lula estabeleceu um processo de empoderamento institucional da Polícia Federal, ampliando os investimentos em tecnologia, capacitação, concursos e orçamento, a ponto de que parte do MPF passou a entender-se sem condições de controlar a PF e que esta se transformou em unidade autônoma de investigação[1] (hoje o MPF luta para aprovar que a sua capacidade investigatória seja implementada através de uma polícia própria, o que poderá causar outra sanha heroica de profilaxia da política).

Logo depois explode o chamado "mensalão" e o PT é tragado pelo mesmo protocolo de "operações", forças-tarefa, vazamentos seletivos de investigações em andamento para os grandes meios de comunicação e adjetivações sem provas estabelecidas em juízo. As oposições aplaudiram de pé.

Nos últimos 13 anos, as instituições repressivas e de justiça cresceram e se internacionalizaram. Internacionalização que implicou, por exemplo, extensos cursos de formação policial e jurídica nos EUA. Policiais, procuradores e juízes aprenderam novas técnicas de investigação, mas, especialmente, novos modelos de direito e de processo penal que prescindem de várias das garantias previstas em nossa Constituição.

Este é o caso da teoria do domínio do fato e das regras do *plea bargaining*, que deram origem aos céleres e midiáticos protocolos de investigação do c[2]ime de lavagem de dinheiro e a toda legislação de delações premiadas.

Assim, a "Operação Lava Jato" aparece como a terceira grande onda de ataques das instituições repressivas brasileiras à política, mas sob uma nova roupagem.

Profissionalizadas, internacionalizadas e articuladas politicamente, agindo de forma autônoma e sem que qualquer controle republicano bali-

1 JOTA. MP fixa limites e regras para o trabalho da Polícia Federal. Disponível em: 2ttps://www.jota.info/mpf-fixa-limites-e-regras-ao-trabalho-da-policia-federal. Acesso em: 16 jul 2015.

ze as suas ações, estas instituições têm o poder de ameaçar todo o processo democrático.

O certo é que ninguém que tenha vida pública está mais seguro de nada.

Se é viável a interpretação segundo a qual parte dos órgãos de investigação está funcionando com uma agenda política fechada ao escrutínio público, o escopo de suas atividades não ficará – e já não está mais ficando – restrito ao PT.

Se há a incorporação, por estes órgãos, de uma compreensão hegemonicamente moralizadora e criminalizadora da política – e poucos duvidam disto – o andamento desta e de outras "operações" alcançará não só integrantes dos partidos aliados, mas também da oposição política.

O resultado, contudo, não será um país "passado a limpo" como muitos imaginam e até desejam, mas uma democracia fragilizada, submetida a uma caça às bruxas que perverte os limites do direito.

Apesar do processo que tramita na Justiça Federal no Paraná não ser televisionado, a exposição sistemática na mídia permite o avanço seguro da PF e do MPF rumo à criminalização de forças políticas para além do governo Dilma Rousseff e para além do PT. Ontem foi Collor de Mello. Amanhã será Eduardo Cunha. Depois, quem sabe, Temer, Dilma, Lula, sem esquecer dos "300 picaretas" do Congresso Nacional, que insistem em entrar em recesso. Quem irá sobrar desta vez para bater palmas?

(16/07/2015)

O PROCESSO PENAL COMO GUERRA DE EXTERMÍNIO

O Brasil assiste e executa um processo penal de extermínio. Durante séculos a Europa desenvolveu a doutrina da guerra justa, onde o inimigo político era considerado um ser existencialmente igual, mas com opções políticas inconciliáveis. Assim foram os conflitos durante a modernidade política, do século XVI ao século XIX, mediados pelo direito, exercidos dentro de limites compartilhados.

A virada para o século XX ensinou um novo tipo de conflito. A ocupação da África colocou em choque civilizações diversas. O etnocentrismo europeu viu os povos africanos como pouco "desenvolvidos", num "estágio" evolutivo "inferior". Não se tratava mais de iguais em disputa jurídica, mas de gente essencialmente diversa.

A guerra deixou de ser regulamentada, considerada "justa", e passou a expressar o colonialismo imperialista: o extermínio transformou-se num processo natural de afirmação da superioridade branca e europeia.

Este modelo penetrou no direito e fez dos colonizados "criminosos", incapazes de compreender a complexidade de uma sociedade que negavam instintivamente. A resposta institucional foi a guerra de extermínio: impossibilitados de "civilização", ao ameaçar a Europa e seu modo de vida, restou aos povos colonizados o holocausto.

Este movimento radical de afirmação ideológica e política, expresso inclusive na ciência criminal, implicava uma autocompreensão de superioridade histórica da burguesia.

Antes, enquanto classe "revolucionária", vinculada a um discurso de igualdade, esta almejava o controle político-econômico.

Depois da revolução, já elite dominante, produziu um discurso de justificação do próprio domínio: a superioridade biológica tornou-se a explicação da hegemonia burguesa. Os que estiveram fora ou os submetidos pelo sistema de produção, os não burgueses, imediatamente foram transformados em "criminosos" – "natos", "ocasionais", "habituais" etc.

O discurso científico e jurídico operou, assim, desde o começo, como um elemento de afirmação do poder burguês. E o direito atuou como um componente derivado – porém central – deste processo de natureza fundamentalmente política.

Do movimento de configurar como naturais as diferenças políticas e de classe derivam o direito e o processo penal modernos. Eles funcionam como instrumentos de confirmação da hegemonia econômica burguesa. Aí opera a estrutura flexível do processo penal.

Institutos como a utilização massiva da delação "premiada" e a prisão provisória como estratégias de gestão da prova são fortemente permissivas à ingerência institucional dos órgãos judiciais na direção da criminalização.

Não interessa a estes elementos processuais os "direitos" dos que são pressupostos como maculados pela corrupção, estruturalmente violentos ou criminosos. O juízo precede e mesmo substitui quaisquer fatos. Para as autoridades em guerra, o processo deve funcionar como um remédio necessário e fatal. Não somente revela a verdade do "desviante", mas estabelece o caminho que lhe dá fim. O processo de extermínio objetiva a "neutralização" definitiva de quem considera a priori criminoso.

Não por acaso, Juízes criminais críticos dos desmandos e da corrupção do devido processo já comparam a "Operação Lava Jato" à ideia da guerra,[1] visto que a disseminação da lógica da delação faz comuns

1 ROSA, Alexandre Morais da. Com "Lava Jato" concedemos poder ao Estado em nome da Guerra Justa. Disponível em: https://www.conjur.com.br/2015-jul-17/limite-penal-lavajato-demos-poder-estado-nome-guerra-justa. Acesso em: 17 jul 2015.

estratagemas como a barganha, a trapaça e o blefe para enfrentar os "criminalizados" que não respeitam a coisa pública.

Algumas contradições desnudam o caráter político e interessado – e, portanto, nada republicano – destes estratagemas jurídicos.

Um dos acusados mais famosos da "Operação Lava Jato" faz o que quer com a democracia brasileira, sob encomenda: cada nova delação que realiza atinge mais um novo personagem da trama burlesca do "combate" à "corrupção da política".

Contra este delator, a sanha moral não prospera na desqualificação: a sua palavra continua sagrada, visto que é a espinha dorsal de todo o processo. Não interessa inclusive se desdiz o que disse, rediz de forma diferente ou inova constantemente nas oitivas.

De outro lado, o condutor do processo passa por uma verdadeira a entronização, uma cerimônia que exalta sua figura e a coloca no centro das expectativas morais e sociais, como um exemplo e guia do que fazer.

O juiz e os procuradores da "Lava Jato" não são questionados por vazamentos, declarações fora da legislação da magistratura, prêmios recebidos com regozijo em cadeia nacional de TV, comentários sobre processos em andamento. Eles são celebrados, considerados representantes da elite sã, combatentes da diferença e exterminadores da barbárie.

Percebe-se, no andamento cada vez mais problemático e cada vez menos tranquilo do processo judicial que esta entronização tem, por um lado, a dinâmica de uma cruzada e, de outro, um caráter fortemente emocional.

O objetivo fundamental deste processo de entronização da "Operação Lava Jato" pela grande mídia, de comemoração do fim e da limpeza dos corruptos, é a modificação do comportamento dos que celebram a figura exaltada.

O processo penal do extermínio pretende que se deixe de lado os constrangimentos do devido processo, os limites da legalidade e as regras constitucionais para que embarquemos satisfeitos numa aventura processual que extermina reputações sem cerimônia e que impele a democracia brasileira num abismo golpista, prenhe de uma certeza messiânica característica dos fanatismos cegos.

O imperialismo burguês culminou com a solução final, não sem antes se esparramar numa onda de violência e fascismo que dizimou milhões de vidas.

O nosso processo de extermínio quer somente negar a voz das ruas, substituindo o que até hoje define a nossa vida democrática por uma avaliação douta de quem se sente, se vê e é visto como a realização máxima de nossa civilização. Nada mais falso. Nada mais perigoso.

(24/07/2015)

A "ABDUÇÃO" DA PROVA NO PROCESSO PENAL BRASILEIRO

As provas no processo da "Operação Lava Jato" são "abduzidas". Isto mesmo. Não é brincadeira. A "abdução" de provas é a "nova" "teoria" da prova no processo penal utilizada por membros do MPF do Paraná para criar condenações. Uma forma de transportar ilações de qualquer lugar para dentro do processo e convertê-las em prova criminal.

Assim, se não há evidências, elas podem ser "abduzidas", isto é, deduzidas, criadas a partir da argumentação. A "abdução" de provas é, supostamente, um "método" de justificação "fundado" no pragmatismo – e na arte retórica aristotélica – que convence o interlocutor que aquilo que não está lá na verdade está.

Um dos segredos mais desejados durante a antiguidade foi o da transmutação de chumbo em ouro. A alquimia buscou a fórmula mágica durante séculos. No Brasil, o MPF foi a Harvard e trouxe de lá a resolução do problema: deduzir estar diante de um fato sem que haja prova concreta do mesmo significa confirmá-lo. Olhar para o chumbo e ver ouro é o suficiente para produzir ouro, ao menos nos autos.

Por analogia, dedução ou inferência, o indício é transformado em prova, "abduzido", pela argumentação retórica. Desse modo, se cria uma vinculação inexistente entre a imaginação do investigador e os fatos alegados no processo.

E aí o indício "pode ser usado como prova suficiente" para uma condenação. É uma questão de fé. O professor Scott Brewer, da Faculdade de Direito de Harvard, garante que há um liame entre o raciocínio legal, o moral e o religioso, que permite que as provas indiciárias e circunstanciais sejam, inclusive, o fundamento probatório exclusivo do processo penal.

Afinal, Deus existe por inferência, por fé dos que acreditam. Logo – olha o raciocínio lógico aí – é possível determinar critérios para que a fé produza evidências.

Se, na teoria da abdução de provas, há o cheiro de uma filosofia pragmática má compreendida (segundo o curso do professor Brewer "Evidência e razão no direito, filosofia, ciência e religião" que acontece a partir de agosto de 2015, não se pressupõe "nenhum conhecimento prévio em filosofia" dos inscritos, nem é exigida nenhuma avaliação), na prática do processo criminal, o desastre é total.

Não há, pelo menos na "Operação Lava Jato", uma compreensão do peso social das consequências das ilações que fundamentam prisões no atacado. Como os fins justificam os meios neste novo modelo de processo penal, "acabar" com a corrupção e "recuperar" os dinheiros desviados importa mais que a manutenção da cadeia produtiva supostamente prejudicada pelos "desvios".

Assim, um balanço das 16 "fases" da "Lava Jato" dá conta da recuperação de R$ 2.5 bi. No decorrer dessas "fases", depois da prisão de um sem-número de executivos e diretores de empresas de construção civil, de petrolíferas e mesmo da eletronuclear, a retração desses setores gerou um prejuízo na economia nacional de R$ 60 bi.

Pode se argumentar que este dinheiro foi abduzido pela má gestão do governo federal – a culpa sempre cai sobre Dilma. Em todo caso, um amigo do judiciário aconselhou previdência. Defendeu que os ET's não estão mais em Varginha, mas em Curitiba. E que os brasileiros devem preparar os gorros de papel alumínio para evitar uma "abdução" no processo da "Lava Jato". Aliás, afirma que se o processo for abduzido do Paraná para Minas num *helipóptero*, nem Aécio escapa.

(31/07/2015)

AINDA HÁ JUÍZES NO BRASIL...ATÉ QUANDO?

Francisco Campos, Ministro da Justiça do Estado Novo entre 1937 e 1942, autor da Constituição de 1937, que justificou o golpe de Estado de Getúlio Vargas, e do Ato Institucional nº 1, que pretendeu dar legitimidade para o golpe de 1964, foi também responsável pelo Código Penal e pelo Código de Processo Penal, de inspiração fascista, ainda em vigor no país.

Afinal, se 98% da população carcerária brasileira é composta de negros e pobres, isto não é por acaso. E hoje, ante o Projeto de Lei do Senado 402/2015, que pretende adulterar o conteúdo do Código de Processo Penal no sentido de permitir que se antecipe a prisão de réus antes de sentença condenatória transitada em julgado, Francisco Campos, uma das mais ilustres inteligências da direita brasileira, estaria em êxtase.

Chico ciência, como ficou conhecido, chancelaria de olhos fechados este projeto porque ele permite, de forma sorrateira, que se destruam garantias constitucionais caras ao Estado Democrático de Direito em prol de um sistema repressivo de natureza autoritária. A felicidade de Campos seria a de podermos chegar a uma ditadura de fato sem a necessidade de golpes de Estado ou de rupturas institucionais. A aprovação do PLS 402/2015 seria um passo importante nesta direção.

Um primeiro paralelo óbvio entre a ordem jurídica do Estado Novo e os projetos legislativos que a direita consegue emplacar sistematicamente no Brasil das últimas décadas é que, em ambos os casos, a opinião publicada nos meios de massa aplaude sem pudores ao espetáculo. E este aplauso é, obviamente, artificial, financiado e interessado.

Outro paralelo, na verdade, é uma linha reta de continuidade entre os projetos de um regime jurídico inspirado então nas potências do eixo (Alemanha, Itália e Japão) e as propostas atuais de reforma do sistema repressivo importadas do maior sistema carcerário do mundo, os EUA. O objetivo comum a estes momentos históricos é a flexibilização e mesmo a extinção de garantias fundamentais que protejam os cidadãos contra o arbítrio do Estado penal.

Também agora, como então, os projetos fascistas não surgiram sem alguma reação das forças democráticas. A diferença gritante é que hoje o projeto autocrático – assim como a reação pluralista e democrática –, disputam espaço no poder judiciário. E não é preciso muito tutano para perceber quem está ganhando a batalha.

Ainda assim, não é também muito difícil perceber quem realmente estuda direito e argumenta a partir de informações abalizadas e quem, por outro lado, se sustenta em entulhos ideológicos descolados, por exemplo, de estatísticas. Nesta semana, dia 09 de setembro de 2015, o confronto entre modelos distintos de ordem política aconteceu na Audiência Pública na Comissão de Constituição e Justiça (CCJ) do Senado Federal, quando o tal Projeto de Lei, o PLS 402/2015, foi fruto de discussão.

A apresentação desta aberração legislativa é dos senadores Aloysio Nunes Ferreira (PSDB-SP), Álvaro Dias (PSDB-PR), Gleisi Hoffmann (PT-PR), Ricardo Ferraço (PMDB-ES) e Roberto Requião (PMDB-PR). Este agrupamento heterodoxo de senadores dá a impressão de que alguém está pagando um pedágio político por algum motivo ainda obscuro.

Os seus defensores originais, os membros da Associação dos Juízes Federais (AJUFE), argumentam que casos notórios servem de exemplo da morosidade da justiça, onde o excesso de recursos protela ou mesmo impede o término dos processos criminais, evitando a condenação dos responsáveis por crimes graves.

Para estes, com o objetivo de tornar a justiça menos morosa é correto que "ao proferir acórdão condenatório por crimes hediondos, de tráfico de drogas, tortura, terrorismo, corrupção ativa ou passiva, peculato, lavagem de dinheiro ou do art. 2º da Lei nº 12.850, de 2 de agosto de 2013, o tribunal decidirá, fundamentadamente, sobre a manutenção ou, se for o caso, a imposição de prisão preventiva ou de outra medida cautelar".

Isto é, o PLS 402/2015 defende que, após sentença condenatória do Tribunal de Justiça, este possa impor, como regra, a prisão para determinados crimes. Isto eliminaria o "caráter protelatório" de recursos que, na legislação atual, suspendem a prisão de réus enquanto estes não são julgados em definitivo.

O problema é que o nosso sistema constitucional – apesar de nosso histórico autoritário – cerca de direitos processuais os cidadãos brasileiros que, mesmo processados e condenados, têm a garantia do duplo grau de jurisdição e todos os recursos a ele inerentes, bem como fazem jus à presunção de inocência até o trânsito em julgado de sentença condenatória.

Este sistema processual, que desde sempre sofreu ataques por todos os lados, foi erigido durante um período de afirmação política de uma democracia que encontrou formalização constitucional. Pelo menos em termos formais, de processo penal, a nossa Constituição é mesmo cidadã. Mas, como no Estado Novo, tem gente que quer acabar com isto.

Assim, é importante frisar que este projeto de lei não encontra guarida passiva na própria magistratura. Juízes criminais convidados para a referida Audiência Pública foram taxativos em afirmar a inconstitucionalidade do projeto e a ameaça que ele traz para a democracia brasileira.

Num momento em que vemos juízes nos meios de comunicação de massa falando quase exclusivamente em mais punições e mais penas, como se o sistema repressivo brasileiro não fosse um dos maiores do mundo, realmente é surpreendente ver juízes reconhecidos nos meios jurídicos e na academia defenderem a democracia e as regras do jogo do Estado de Direito.

Como disse o jurista Leonardo Yarochewsky,[1] explicitando o caráter da disputa dentro do judiciário, "O Projeto de Lei, autoritário e inconstitucional, foi defendido pelo juiz da 13ª Vara Federal de Curitiba, pelo presidente da Associação dos Juízes Federais (Ajufe) e por uma representante da Procuradoria-Geral da República.// Do outro lado, defendendo os direitos e garantias fundamentais, defendendo a Constituição da República e em defesa do Estado democrático de direito, destacaram-se os juristas Rubens R. R. Casara (Juiz de Direito no Estado do Rio de Janeiro e processualista penal), Elmir Duclerc Ramalho Junior (Promotor de Justiça na Bahia e professor de Direito Processual Penal), Marcelo Semer (Juiz de Direito em São Paulo e ex-presidente da Associação Juízes para a Democracia) e Maurício Stegemann Dieter (Professor de Criminologia da Faculdade de Direito da USP)."

Assistir ao vídeo da audiência é uma forma didática de compreender os projetos em disputa. Há muito não se via no país um debate de alto nível técnico no Congresso Nacional sobre legislação de natureza penal e processual penal. A aprovação de leis incriminadoras com argumentos de comoção – e, portanto, irracionais – foi a tônica usual das últimas décadas.

Sem espaço para noticiar todas as falas dos juristas citados acima, destaco a de Rubens Casara, que representa com fidelidade o que uma parte boa da comunidade jurídica entende sobre a situação atual dos poderes da república. A fala de Casara, pela contundência e didática, revela que ainda há juízes no Brasil. Mesmo numa situação em que há cada vez maior dificuldade para os juízes legalistas cumprirem a sua função conforme a Constituição, basicamente por medo serem etiquetados pela mídia de massa como comunistas, petralhas ou corruptos, como deixou claro na sua exposição. No Brasil, os juízes de verdade estão cada vez mais escassos por falta de coragem.

Iniciando o bloco "crítico" ao projeto de lei, num discurso que visivelmente prendeu a atenção dos senadores e incomodou os autores do

1 YAROCHEWSKY, Leonardo. Verdades nada secretas. Disponível em: http://emporiododireito.com.br/verdades-nada-secretas-por-leonardo-isaac-yarochewsky/. Acesso em: 12 set 2015.

projeto, o juiz Rubens Casara fez questão de dizer o básico: "O Estado de Direito se caracteriza pela existência de limites ao exercício do poder. Nas democracias, os principais limites são os direitos e garantias fundamentais. Cada vez que um limite é afastado, cada vez que um limite ou garantia constitucional é relativizado, o Estado caminha rumo ao autoritarismo, ao Estado Policial, ao Estado Total."

Feita a apresentação da tese fundamental, Casara apontou que a conjuntura de surgimento do projeto claramente viola a presunção de inocência: "no contexto em que há um sucesso midiático-popular de uma grande operação de combate à corrupção conduzida pelo professor (sic) Sergio Moro, chamada 'Operação Lava Jato'."

Para o juiz, este projeto não tem a capacidade de acelerar qualquer processo criminal, mas apenas de aumentar as hipóteses de encarceramento "enquanto o processo continua". O projeto "se insere num movimento que se caracteriza pela tentativa de satisfazer o desejo por mais punições, as pulsões repressivas presentes na sociedade (compreensíveis), mas que se revela ineficaz para a prevenção de novos delitos."

Ele prefere chamar as coisas pelos devidos nomes. O PLS 402/2015 é para Casara um projeto de "relativização da presunção de inocência, na contramão da jurisprudência da Corte Interamericana, em matéria de prisão cautelar". Para o juiz, inclusive, pesquisas variadas demonstram que o aumento do encarceramento é completamente ineficaz para a diminuição da realização de delitos.

Ainda para o juiz carioca, o que o projeto faz, na prática, é transferir o ônus de prova do Estado para o indivíduo. Ao invés do Estado ter a responsabilidade de provar a culpa do processado, este último é que precisa provar que não irá fugir ou que não praticará novas infrações no futuro – a famigerada "prova diabólica", virtualmente impossível de ser realizada.

Casara lembrou que a justificativa do Projeto de Lei não é nova, aparecendo, por exemplo, no nazismo alemão, no stalinismo soviético e no Código Rocco, marco legislativo do fascismo italiano, apropriado pelo Brasil no Estado Novo e que gerou o nosso Código de 1940. Tal legislação é caracterizada exatamente pela relativização de direitos. Para ele "em todo momento autoritário que passa a sociedade essa linha argumentativa se faz presente" e – continua –, num diapasão de justificação dos meios pelos fins, se perde a legitimidade ética do exercício do poder.

Taxado de inoportuno pelo autor do projeto, o senador Requião, Casara não teve foi a oportunidade de tréplica. Mas ficou claro que a carapuça serviu perfeitamente, na medida em que o senador preferiu desqualificar o oponente e falsear argumentos que foram expressos de forma cortês e bastante clara.

Ficou patente que o projeto de Lei em discussão quer trazer ares de legalidade à prática condenável do encarceramento sem condenação, legitimando a antecipação – e a presunção – da culpa no processo penal brasileiro. Se isto acontecer, serão provavelmente a ínfima minoria, mas ainda teremos juízes a querer defender os direitos fundamentais inscritos em nossa Constituição. E a vida dos Francisco Campos *wanna be* ainda será um tanto dificultada. Mas até quando?

(12/09/2015)

A "LAVA JATO" E O PROCESSO PENAL COMO "OPORTUNIDADE"

Na tarde desta terça-feira, 20 de setembro de 2016, o Juiz Federal Sergio Moro recebeu a denúncia do Ministério Público Federal contra o ex-presidente Luiz Inácio "Lula" da Silva por corrupção passiva e lavagem de dinheiro. A denúncia ainda aponta participação de cinco empreiteiros, do presidente do Instituto Lula e de Marisa Letícia, mulher de Lula.

Na decisão que admite a denúncia do MPF, o juiz Moro realiza uma verdadeira defesa da peça acusatória, exculpando os excessos, a falta de provas e o notório desequilíbrio entre a espetaculosa acusação de um gigantesco esquema de corrupção – em comparação aos valores chinfrins do suposto pixuleco que teria sido recebido pelo ex-presidente na forma de um apartamento que nunca foi de sua propriedade.

Não é por acaso que os professores de processo penal estão em polvorosa no Brasil. A "Operação Lava Jato", que reúne uma "força-tarefa" da Polícia Federal e do Ministério Público Federal do Paraná sob a batuta do juiz Moro, tem colocado os institutos clássicos do processo de ponta-cabeça.

A começar pela fusão de atividades processuais e constitucionais distintas, como o são a investigação, a acusação e o juízo. Enfeixadas estas funções sob a "coordenação" da "Operação", esvai-se o princípio geral do processo na modernidade política que é o princípio acusatório.

Criada para se diferenciar das inquisições medievais, a distinção entre inquérito, acusação e juízo garante a imparcialidade da justiça criminal. A moda recente de "forças-tarefa" e de "Operações" que fazem trabalhar em conjunto instituições com responsabilidades constitucionais diversas impede, de fato, que o devido processo – acusatório – se realize.

Sob um processo inquisitorial, o que menos importa é a verdade. A intuição, a imaginação, a ilação, a mera versão das autoridades investigatórias se transforma em elemento suficiente para que se antecipe juízo, se atribua culpa e se condene indivíduos sem prova e, portanto, sem que se completem os elementos básicos do devido processo.

Junte-se isto à interação preordenada com os conglomerados de comunicação e a receita do arbítrio transformado em narrativa midiática opera em forte velocidade contra o Estado de Direito. Respaldados pela grande mídia, os operadores da "Lava Jato" afastam os limites processuais e utilizam de fato as instituições judiciais como instrumentos de legitimação de suas convicções políticas.

O próprio processo penal é visto pela "Lava Jato" como uma ocasião para manifestarem as suas avaliações sobre a corrupção no país. A admissibilidade judicial de uma denúncia prolixa e prenhe de atecnias, de juízos políticos e de adjetivações descabidas se realiza, como diz o juiz Moro, como "uma oportunidade para ambas as partes": para que Lula se defenda, para que o MPF prove o que diz.

Preste-se atenção nesta frase de Moro: O processo é uma oportunidade para as partes. O processo é visto, neste sentido, como uma ocasião para que o MPF apresente as provas que não pacificaram as consciências jurídicas mais sóbrias e nem mesmo a do próprio juiz. Este, reiteradamente, tenta justificar a tênue denúncia, cuja expressão estética kitsch se deu com os famigerados *powerpoints* do Procurador Dallagnol.

Diz Moro, sobre a acusação direta do MPF a Lula: "Certamente, tais elementos probatórios são questionáveis, mas, nessa fase preliminar, não se exige conclusão quanto à presença da responsabilidade criminal, mas apenas justa causa".

Parece tomar as dores do MPF e responder aqui à reverberação do "não tenho provas, mas tenho convicção".

O Juiz Federal sintetiza e justifica as "omissões" da peça acusatória do MPF. Didaticamente explica o que não está dito nas rocambolescas 149 páginas da denúncia.

Assim, diz que "o MPF não imputou, ao contrário do que se esperaria da narrativa, ao ex-presidente o crime de associação criminosa", a "omissão encontra justificativa plausível, pois esse fato está em apuração perante o Egrégio Supremo Tribunal Federal".

Aproveita, como um dos prováveis mentores de fato da "Operação" para puxar a orelha dos imberbes e açodados procuradores e reconhece o exagero da denúncia contra Dona Marisa, esposa de Lula. Ainda assim, a acata.

Por fim, Moro aproveita para descartar a denúncia do MP de São Paulo, a dos Promotores "filósofos", que há meses já apontava o triplex do Guarujá e o Sítio de Atibaia como "provas" "cabais" do envolvimento do ex-presidente Lula no suposto esquema de corrupção.

Este último ponto da decisão de Moro é importante.

Alguns dias atrás o Professor de Processo Penal da UERJ e ex-procurador do MP-RJ Afrânio Silva Jardim lembrou que no processo penal brasileiro não é permitida a litispendência, isto é, a existência de duas denúncias fundadas em fatos idênticos. A segunda deveria ser descartada, portanto.

Ora, como a segunda denúncia é a da "Operação" do MPF do Paraná e esta também fala de Triplex e de Sítio, Moro não poderia recebê-la caso mantivesse sob sua Vara a denúncia feita pelos Promotores de São Paulo.

O que faz Moro então? No final da decisão de hoje, joga a batata quente de volta para a Justiça Estadual de São Paulo, deixando livre a sua Vara da peça acusatória apatetada dos paulistas, a fim de receber a nova denúncia PowerPoint dos meninos da "força-tarefa" paranaense.

Não resta mais quem duvide genuinamente que o processo – cuja orientação política de perseguição de Lula e do Partido dos Trabalhadores está cada vez mais explícita – tem inovado no retrocesso civilizatório.

O processo Penal, de instrumento de garantia cidadã, tem sido utilizado como motivo de perseguição política.

Hoje, às vésperas de eleições municipais, sendo Lula o principal candidatável a presidente e maior cabo eleitoral das esquerdas, nada melhor que um processo criminal que, ao final, pode inviabilizá-lo em 2018.

A questão que os professores de processo penal enfrentam hoje nas faculdades de Direito é como ensinar algo que não obedece mais aos códigos e à Constituição.

A pergunta pode ser apreciada por vários ângulos:

Como explicar que o que vale não é o que está nos autos, mas nas convicções dos acusadores?

Como compreender que quem julga defende quem acusa, coordena quem investiga e joga tudo para a plateia?

Como avaliar que funcionários públicos de carreira em órgãos judiciários atuem nos seus ofícios como agentes interessados nas disputas político-partidárias?

Como considerar correto que a atividade acusatória não funcione como obrigação, mas como ocasião para a manifestação de juízos políticos, estéticos ou mesmo de opiniões, ilações, convicções?

Como entender que em pleno século XXI se esteja flertando com práticas medievalescas e inquisitoriais que ameaçam diretamente a democracia no país?

Para responder a isto tudo, a mais profunda perplexidade e o receio que o golpe e o arbítrio se capilarizem como modelos de operação nas instituições que deveriam garantir a ordem jurídica e os direitos fundamentais.

(20/09/2016)

PRISÃO E MORTE DO REITOR DA UFSC

Um Processo Administrativo Disciplinar que corre desde 2006 na UFSC para verificar a existência de desvio de verba da Capes resultou, na semana retrasada, na prisão do Reitor. Hoje, 02 de outubro de 2017, às 10:30 Luiz Carlos Cancellier de Olivo se transformou tragicamente na vítima direta da espetacularização punitiva em voga no país.

O reitor estava com um ano e meio de mandato.

De repente, um Processo Administrativo Disciplinar aberto desde 2006 implicou em sua prisão cautelar, em 2017. Isto soa muito estranho. Alguns, da velha guarda, diriam que é surreal.

Não vi o processo da "Operação Ouvidos Moucos" da Polícia Federal em Santa Catarina, mas a ação espetacular de prisão, sem culpa provada e sem direito à defesa e a contraditório cheira, em termos jurídicos, à utilização distorcida da teoria do domínio do fato para fins midiáticos.

Ou seja, já que a UFSC não tomou providências há anos, prende-se o responsável formal pela instituição de forma espalhafatosa. Mesmo que ele não tenha nenhuma relação com os fatos criminosos.

Seguidores da jurisprudência esdrúxula do STF que vaticina que na falta de provas a "literatura jurídica" permite condenar pululam a cada esquina.

"Juristas" que entendem que posição hierárquica superior implica automaticamente responsabilidade por crimes realizados por subordinados estão na moda.

Pois bem. Esta irresponsabilidade que condena diariamente milhares de brasileiros à prisão sem processo faz mais uma vítima. Desta vez alguém que não é invisibilizado pela situação social de miséria.

Se estivéssemos num Estado Democrático de Direito, a questão seria a seguinte: mesmo com algum indício ou prova de que o Reitor da UFSC comandava uma quadrilha há pelo menos 10 anos dentro da Universidade, a sua prisão seria a opção mais extrema a se tomar, a medida cautelar excepcional. Como a exceção é a regra de nossas instituições repressivas, se está diante de mais um arbítrio, de mais uma violação grotesca dos direitos fundamentais constitucionais, bem à moda da "operação Lava Jato". Desta vez com um resultado trágico.

Mas este lamentável desfecho não é algo pontual no que respeita ao desprezo e à falta de respeito pela educação pública. As Universidades públicas são um alvo óbvio e privilegiado dos arautos do desmonte do Estado brasileiro.

O caso do arbítrio repressivo contra a UFSC e o seu reitor é emblemático, mas infelizmente não é isolado.

Violar a constituição e o devido processo penal e, de roldão, fragilizar um local histórico de residência democrática é muito tentador para agentes institucionais que operam como herdeiros da Ditadura empresarial-militar brasileira.

A Ditadura de 64 trabalhou de forma sistemática para desmontar as Universidades brasileiras a partir de um modelo de privatização norte-americano desenvolvido por intelectuais que encontraram solo fértil exatamente em Santa Catarina.

A expansão do ensino privado nos moldes das universidades "comunitárias", com cobrança de mensalidades, prosperou lá. Este é o modelo de educação que os arautos do golpe desejam para o país.

E é possível dizer que o crescimento desenfreado do ensino privado só foi ameaçado com a ampliação do sistema federal de educação nos governos Lula-Dilma.

Então, atacar a UFSC e o seu hoje falecido reitor é lamentável, muito lamentável e triste, mas não é espantoso.

Dito isto, esta operação que se completa de forma abjeta, parece ser mais uma a unir, prenhe de inconstitucionalidades, Polícia Federal, MPF e TRF-4.

Conheci alguns juízes federais que atuam em Santa Catarina e que verdadeiramente honram a toga. Certamente, uma eventual denúncia fundada na teoria do domínio do fato não prosperaria em suas mãos.

Mas hoje, época em que autoridades judiciais discutem processos em andamento na mídia, tudo é possível.

Para o bem da UFSC e da Universidade Pública, espero que esteja certo, e que esta operação da PF seja um grande show com desígnios inconfessáveis, a ser desmascarado ao mais leve toque da legalidade institucional.

Mas, neste processo, uma vítima improvável, uma vítima inocente foi feita. Inocente! Porque não se provou a sua culpa antes de jogá-lo à sanha destruidora de reputações desta mídia criminosa.

Cancellier foi humilhado, preso, humilhado de novo, sem poder provar sua inocência, o que provavelmente poderia evitar este deslinde trágico.

Hoje, por ser uma vítima desta insana máquina de moer gente que é o nosso sistema repressivo, em comunhão delitiva com os meios de comunicação de massa, se pode dizer:

Luiz Cancellier, presente!

(02/10/2017)

"DEZ MEDIDAS CONTRA A CORRUPÇÃO" E A LEGALIZAÇÃO DA EXCEÇÃO NO BRASIL

Hoje, depois de implantado e disseminado o modus operandi "Lava Jato" por uma parte de juízes, delegados e procuradores brasileiros, já é um truísmo afirmar que o Poder Judiciário age politicamente. Isto não impede que tal afirmação continue a chocar. Afinal de contas, o que justifica a existência do poder repressivo centralizado nas instituições do Estado, o que impede que indivíduos façam "justiça" pelas próprias mãos, é a imparcialidade dessas instituições e seu funcionamento orientado pela lei.

Assim, quando não há mais a segurança da imparcialidade, quando juízes fazem política através do processo, quando procuradores e delegados buscam a fama e os holofotes da mídia por meio de uma atividade judicial orientada de forma venal, mas que deveria ser burocrática, técnica e impessoal, se está diante de um novo paradigma.

O modelo teórico do Estado de Direito, que se realiza através da lei e submetido à lei abre espaço para a discricionariedade e para o arbítrio. O Estado de Direito se transmuta em máquina personalizada de guerra, cuja justificação permanece jurídica. Este é o núcleo da ideia de Estado de exceção: a violação dos limites jurídicos por indivíduos respaldados – respaldo retórico – pelo próprio direito.

Mais uma vez, o Estado de exceção

Me permitam uma rápida passagem por este tema batido, antes de entrar no cerne do argumento. O Estado de exceção, pela lavra de seu criador intelectual, o jurista alemão Carl Schmitt, é a possibilidade de que uma decisão política soberana imponha o que considera ordem e segurança públicas quando estas são perturbadas. Esta decisão pessoal, por ser soberana, paira acima dos limites normativos. Embora se pretenda uma ação jurídica, não se submete ao direito ou à constituição.

Schmitt desenvolve esta tese em 1922, no seu livro Teologia política, a partir da frase icônica "soberano é quem decide sobre o Estado de exceção". Antes, portanto, da ascensão de Hitler ao poder, já estavam dadas as bases intelectuais e jurídicas para que este governasse como um ditador respaldado pela constituição.

Estabelecida a base teórica do arbítrio, é preciso examinar a sua prática institucional. Afinal de contas, estamos diante de um aprofundamento da politização das instituições repressivas que não tem paralelo na história recente, fora do âmbito da Ditadura Empresarial-Militar de 1964, uma ditadura escancarada.

Este aprofundamento do arbítrio repressivo no Brasil deve ser examinado sob a perspectiva de que, de fato, nunca deixou de operar, em especial contra a população pobre. Veja-se, por exemplo, que a maioria absoluta dos quase 1 milhão de presos no Brasil é pobre, sendo que 40% desses estão presos provisoriamente, sem culpa formada, sem condenação.

A prática da Ditadura

Quase vinte anos depois da publicação do livro de Carl Schmitt, já sob pleno regime nazista, outro livro, desta vez com viés crítico, examina os resultados práticos da exceção nas instituições judiciais. Torna-se instantaneamente um clássico estudo sobre as ditaduras no ocidente.

O jurista alemão Ernst Fraenkel, em seu livro *O Estado Dual: uma contribuição à teoria da ditadura* (1941), dizia que na Alemanha de Hitler coexistiam dois modelos de Estado e, portanto, dois modelos de juridicidade: o Estado de Direito, calcado em regras jurídicas nazificadas, e o Estado de Prerrogativa, orientado pela palavra do Füher, que transforma seu arbítrio pessoal em direito. O problema da tese de Fraenkel é saber se é possível a permanência do Estado de Direito ao lado de um Estado de Prerrogativa.

Para ele, a partir de sua experiência como advogado de ativistas de esquerda, o Estado nazista era duplo. Por um lado, pretendia afiançar a proteção jurídica da propriedade privada, a fim de garantir o desenvolvimento de um capitalismo monopolista por meio de uma estrutura administrativa calcada no respeito aos estatutos. Por outro lado, fazia operar um sistema governamental não alcançável por limites normativos e garantias jurídicas. O funcionamento do arbítrio e da violência sem limites se voltava em especial para a classe operária e para os inimigos do Estado, como judeus e comunistas.

Esse Estado duplo minava qualquer perspectiva de que direitos e garantias individuais fossem de fato válidos. Este contexto, examinado por Fraenkel em processos judiciais, comprovava empiricamente que a prática das instituições de Estado fazia com que cada elemento do Estado de Direito fosse invadido e destruído pelo Estado de Prerrogativa.

Nesse sentido, o Estado de Direito na Alemanha nazista subsistia apenas nas páginas de seus códigos e estatutos. A prática da violência institucionalizada destruía a sua essência, que é o controle e a submissão da atividade estatal aos limites da lei. O Estado de Direito desaparecia, assim, sob o arbítrio operacional de suas instituições.

A burocratização do arbítrio

No caso brasileiro, não houve uma solução de continuidade entre as práticas institucionais repressivas na passagem da ditadura para o regime constitucional de 1988. O que se vê hoje, sob os holofotes da grande mídia, são práticas arbitrárias usuais, geralmente ocultadas ou invisibilizadas pelo público-alvo usual.

O que a "Lava Jato" traz de novidade não é, portanto, a seletividade da repressão, nem mesmo a politização da repressão, presentes na Ditadura brasileira. A novidade é a união do controle político da repressão à condução das ações repressivas pelos meios de comunicação. Do juiz de primeira instância até o Ministro do STF, passando por agentes, delegados, promotores, procuradores, todos se aliam às determinações dos meios de comunicação de massa.

Não se trata somente do padecer da influência inebriante dos holofotes. É cada vez mais claro que a embriaguez da fama e da aceitação da "opinião pública" são hoje mais potentes que a força da lei.

Mas a vaidade de alguns não explica o caráter de fato social – isto é, a regularidade quase burocrática – das constantes perseguições direcionadas, das condenações sem processo, das penas sem culpa provada que ocorrem ao arrepio dos estatutos legais.

Uma acusação televisionada vale mais que mil sentenças condenatórias transitadas em julgado.

A diluição da autonomia decisória do judiciário se realiza, no país, com a sua complacência feliz. O juiz-celebridade, o delegado-artista, o ministro-personalidade transformam instituições impessoais por excelência em instrumentos de uma arbitrariedade privada, orientada para finalidades venais.

A decadência do arbítrio

Os limites formais do direito são um entrave ao desenvolvimento do arbítrio. O aprofundamento do Estado de exceção depende não somente da universalização das práticas repressivas, mas na alteração dos limites legais para o seu exercício. Isto parece uma contradição, ou seja, se as leis não são aplicadas de fato, por que se importar em modificá-las?

O livro de Fraenkel esclarece este ponto: o Estado de Prerrogativa se justifica pela manutenção formal do Estado de Direito, mesmo que este último não se realize de fato.

Não por acaso, o modelo "Lava Jato" depende de uma legislação penal e processual penal permissiva e trabalha politicamente pela sua aprovação no Congresso Nacional. Leis mais flexíveis à atividade repressiva têm como objetivo a legalização das práticas arbitrárias, que por serem arbitrárias são, sob os estatutos do Estado de Direito, ilegais.

As "Dez medidas contra a corrupção" são, nesse sentido, a tentativa política de legalização do arbítrio pela sua entronização no ordenamento jurídico. A pauta da reforma legislativa integra o esquema de afirmação política do Estado de exceção.

Exemplar é o caso do grampo ilegal feito pela "Lava Jato" contra a presidenta Dilma e o ex-presidente Lula. O TRF-4 colocou no papel a lógica da ditadura e do arbítrio, talvez de forma mais didática que qualquer tratado sobre o assunto. Diz a decisão que arquiva o processo contra o Juiz Moro:

"Ora, é sabido que os processos e investigações criminais decorrentes da chamada 'Operação Lava Jato', sob a direção do magistrado representado, constituem caso inédito (único, excepcional) no direito brasileiro. Em tais condições, neles haverá situações inéditas, que escaparão ao regramento genérico, destinado aos casos comuns. Assim, tendo o levantamento do sigilo das comunicações telefônicas de investigados na referida operação servido para preservá-la das sucessivas e notórias tentativas de obstrução, por parte daqueles, garantindo-se assim a futura aplicação da lei penal, é correto entender que o sigilo das comunicações telefônicas

(Constituição, art. 5º, XII) pode, em casos excepcionais, ser suplantado pelo interesse geral na administração da justiça e na aplicação da lei penal. A ameaça permanente à continuidade das investigações da Operação Lava Jato, inclusive mediante sugestões de alterações na legislação, constitui, sem dúvida, uma situação inédita, a merecer um tratamento excepcional."

O texto é autoexplicativo. O direito atrapalha o arbítrio e a exceção. Enquanto não se muda o direito, se autoriza de forma ilegal a exceção. Quando as forças repressivas dominam politicamente a conjuntura, o cinismo substitui a hipocrisia.

Porém, a necessidade de justificação do arbítrio é o calcanhar de Aquiles das ditaduras. As contradições entre os princípios que legitimam o sistema repressivo e a sua prática venal e arbitrária explicitam-se em seu prejuízo. O quanto teremos que aguentar antes que este modelo entre em decadência e o quanto do nosso país restará depois disso é o grande mistério.

(11/10/2017)

O MAR DE LAMA DA LAVA JATO

Nunca desconfiei que as intenções da "força tarefa" inconstitucional criada para criminalizar setores da política e da economia produtiva no Brasil pudessem ocultar interesses escusos, como vantagens pecuniárias indevidas, tráfico de influência, peculato etc.

Por outro lado, desde que a operação iniciou os seus trabalhos, eram óbvios o enviesamento das investigações, a utilização política do processo penal e a violação sistemática da legislação para alcançar as finalidades persecutórias, de outra forma não viáveis.

O caráter protofascista da ação judicial e das manifestações de seus responsáveis eram claros e foram denunciados em vários momentos, por distintos veículos de comunicação no Brasil e fora dele.

Havia – e ainda há – uma óbvia articulação entre os grandes conglomerados de comunicação de massa e os delegados, procuradores, juiz e desembargadores. Seu objetivo é o de antecipar culpas, produzir condenações na opinião pública e conduzir uma narrativa em que o processo judicial funcione como uma corroboração das "sentenças condenatórias" produzidas na televisão e nos jornais de circulação.

A estratégia é que uma comoção pública induzida chancele *a priori* os desmandos processuais e constranja as instâncias judiciais superiores a endossar de forma cega as decisões canhestras da Operação (como escutas telefônicas ilegais, conduções coercitivas fora do limite processual e acordos de delação ao arrepio da constituição e do devido processo).

Até este momento, a noção de que parte do sistema de justiça tinha se corrompido para a perseguição de inimigos políticos e não para a aplicação da lei era que esta corrupção estava centrada em uma ótica política. Corrupção política do sistema, utilização distorcida de suas instituições para o cumprimento de objetivos torpes, mas objetivos tão somente político/econômicos (porque em conluio com o grande capital especulativo). E isto na esteira do golpe de Estado comandado pelo partido derrotado nas últimas quatro eleições majoritárias, o PSDB, sob a voz de Aécio Neves e sob a batuta de Eduardo Cunha.

Este desiderato alçou os componentes da Operação Lava Jato ao estatuto de heróis ou deuses para parte significativa dos brasileiros.

Até ontem.

Tudo muda de figura com o depoimento do ex-advogado das empreiteiras Odebrecht e UCT Rodrigo Tacla Durán à CPI da JBS. As denúncias do advogado lançam sobre os integrantes da Operação uma imensa sombra de dúvida e suspeita de que os seus objetivos eram não exclusivamente políticos, mas também voltados para a aquisição de vantagens pessoais da mais variada espécie.

É preciso lembrar que se criou artificialmente no país, desde a "redemocratização", um caldo cultural onde a fome, a desigualdade, a violência (em todas os seus matizes), o déficit de direitos, o arbítrio das agências repressivas, tudo se torna menos importante que o combate à corrupção.

A eleição do presidente Fernando Collor de Mello em 1989 – e sua "plataforma" de "caça aos marajás" do serviço público – foi talvez o primeiro sintoma de que o lacerdismo não nos abandonaria facilmente. Lacerdismo moralista como desculpa para o desmonte do Estado e para a dilapidação do patrimônio público.

O bordão "ética na política", bandeira compartilhada pela esquerda e pela direita desde a ascensão de Lula no final dos anos 1970, adquiriu lado, na passagem dos anos 1990 para os anos 2000. Em especial, o moralismo raso desenvolveu-se à larga com a judicialização da política advinda da derrota do PSDB em 2002.

O "mensalão", com as inovações procedimentais e espetaculares, já hoje de todos conhecida, foi o início de um ciclo punitivista de largo espectro político que parece, desde ontem, pelo menos, começar a perder a legitimidade dourada, personalizada nos cruzados castiços do MPF de Curitiba.

O "mar de lama", metáfora para a suposta corrupção das esquerdas e das lideranças populares, de Getúlio Vargas a Lula, parece recair sem dó sobre a Lava Jato.

Um parêntesis: registre-se que houve um esforço mensurável do Ministério da Justiça, ainda sob o governo Dilma Rousseff, para que a "força tarefa" Lava Jato fosse preservada na sua santa missão. O PT dava corda para o seu próprio enforcamento, a olhos vistos. Como ocorreu no caso dos Deputados Estaduais cassados ilegal e inconstitucionalmente no Rio de Janeiro, a esquerda brasileira, incluindo o PT, ainda é uma esquerda punitiva, porque chancela a punição dos inimigos políticos independentemente do devido processo.

Assim como as boas intenções de Fernando Collor foram rapidamente desmascaradas pelo seu próprio irmão, Pedro Collor, que denunciou um enorme esquema de corrupção coordenado pelo tesoureiro PC Farias, assistimos hoje as mesmas ilibadas intenções, agora sob a batuta da Lava Jato, começarem a ser questionadas no que respeita aos destemidos "heróis" da Operação.

O depoimento de Tacla Durán, dado ontem, levanta um véu que até então pairava sobre os arautos da moral alheia, aparentemente imbuídos na exclusiva missão de "purificar" a política e "limpar o país da corrupção".

Segundo o depoimento do advogado Tacla Durán, residente hoje na

Espanha, existem provas – que devem ser verificadas na sua veracidade pelas autoridades competentes – de que há em Curitiba um esquema de venda de facilidades em torno das delações premiadas, no núcleo da Operação Lava Jato.

Este esquema atingiria Procuradores Federais e provavelmente o próprio juiz da Operação, Sergio Moro.

Parece que se inaugura a tragédia dos deuses e heróis. Quem sobreviverá se se comprovarem as denúncias de Tacla Durán?

Essas denúncias são tão graves porque apontam para o núcleo operacional da Lava Jato. Em especial, para o padrinho de casamento, ex-sócio da esposa do juiz Sergio Moro, seu amigo e advogado Carlos Zucolotto.

Zucolotto, além de já ter advogado para o próprio Sergio Moro, também já advogou para o Procurador Carlos Fernando dos Santos Lima, outro integrante da Operação de Curitiba.

Zucolotto seria responsável, segundo Durán, por negociar desconto de U$ 10 milhões em multa determinada pelo MPF em delação a ser realizada pelo espanhol. Parte do dinheiro seria – segundo conversas gravadas por Durán num aplicativo de celular –, repassado a um membro da Lava Jato com iniciais DD.

Alguns indícios anteriores ao depoimento de Tacla Durán na CPI da JBS já levantavam suspeitas sobre esquemas escusos no seio da Lava Jato.

Ex-advogados de réus da Operação foram afastados por não concordarem com os termos exigidos pelo MPF para as delações. Estes disseram, em momentos variados, que um seleto grupo de advogados supostamente era escolhido pelos próprios integrantes da Lava Jato para representar réus nos processos de delação, todas com algum tipo de cláusula ilegal.

Zucolotto seria, segundo Tacla Durán, um desses intermediários, a prometer modificações nas cláusulas das delações em troca de dinheiro "por fora" supostamente para pagar integrantes da Operação.

Outro movimento no mínimo estranho foi a contundente defesa que o próprio Juiz Sergio Moro fez de seu amigo e compadre Zucolotto em uma nota "oficial" onde afirma categoricamente que não são verdadeiros os fatos alegados contra Zucolotto.

Moro coloca a mão no fogo pelo advogado amigo e questiona a declaração de Tacla Durán. Esta declaração, entretanto, se realizou em moldes muito menos constrangedores que as delações obtidas na Lava Jato, utilizadas sem problema como meio de prova para incriminar políticos e empresários a granel.

Para se ter ideia do tamanho da bomba que é este depoimento de Tacla Durán, leia-se, por exemplo, o insuspeito artigo do jornalista Reinaldo Azevedo.[1] Azevedo fala, dentre outras coisas, que se Moro fosse submetido aos seus próprios critérios de "investigação", ele próprio já estaria em maus lençóis com a justiça.

Respeitando o devido processo legal e as garantias constitucionais, passou da hora de investigar a sério o que realmente se passa nos gabinetes de uma operação judicial que manipula milhões de reais, aparentemente sem qualquer controle ou supervisão. Ou a lei não é para todos?

(01/12/2017)

1 AZEVEDO, Reinaldo. Moro recorre ao "argumentum ad amicum". Compadre de juiz deixa causa de procurador. Entenda. Disponível em: https://reinaldoazevedo.blogosfera.uol.com.br/2017/08/29/moro-inova-e-recorre-ao-argumentum-ad-amicum-compadre--de-juiz-deixa-causa-de-procurador/. Acesso em: 29 ago 2017.

TEMOS UM JUDICIÁRIO LAVA JATO?

O professor gaúcho Lênio Streck lançou nesta semana de janeiro de 2018 uma pergunta extremamente incômoda para a comunidade jurídica nacional: diante das violações de direitos produzidas pela operação Lava Jato, é preciso temer o judiciário?

Lênio escreve[1] impactado pela entrevista do juiz Marcelo Brêtas,[2] "coordenador" da "força Tarefa" da Lava Jato no Rio de Janeiro, onde este afirma ser necessário que o povo tema a justiça. Vi a entrevista e escrevia este artigo quando li o artigo do Lênio. Resolvi aceitar a provocação deste que é um dos maiores constitucionalistas do país e cujo trabalho acompanho desde meados dos anos 1990. A seguir, a minha tentativa de resposta à inquietante pergunta de Streck.

Os fundamentos da Justiça Lava Jato

O consumo como produto do capitalismo altera a dinâmica entre as expectativas sociais e o modo de funcionamento do direito. Isto rompe com a especificidade deste último, provocando a sua modificação para

1 STRECK, Lênio. O Juiz Marcelo Bretas tem razão: a justiça nos dá medo! Mas fracassamos? Disponível em: https://www.conjur.com.br/2018-jan-08/streck-bretas-razao-justica-medo-fracassamos. Acesso em: 08 jan 2018.

2 GRILLO, Marco. "Justiça tem que ser temida" diz Marcelo Bretas. Disponível em: https://oglobo.globo.com/brasil/justica-tem-que-ser-temida-diz-marcelo-bretas-22257178. Acesso em: 04 jan 2018.

que as perspectivas consumistas (imediatistas) sejam saciadas *prêt-à-porter*. Este processo é complexo e faz com que o direito opere sob outras lógicas que não a propriamente jurídica. O Brasil é um exemplo modelar de como uma democracia em gérmen – e suas instituições, como o Judiciário – soçobra perante forças incontornáveis como é a do capital.

A ausência de controles sistêmicos eficazes, seja sobre o funcionamento do Poder Judiciário, seja sobre os meios de comunicação de massa, gera um fenômeno *sui generis* que é o populismo judicial. O judiciário, em afinidade eletiva com os *mass media*, aceita ser pautado pela agenda política dos conglomerados de mídia, sob a lógica expressiva do punitivismo tosco. Assim, as violações da Constituição passam a ser a regra, celebradas como uma necessidade imperiosa para uma nova ordem purificada do mal e da corrupção. Trata-se, em resumo, de uma violação de regras caras ao Estado de Direito, expressa na forma do fascismo judicial mais desavergonhado.

Este movimento esconde uma agenda política e econômica – cuja complexidade e ramificações internacionais extrapolam o objetivo do artigo –, e onde o judiciário figura como um dos beneficiários diretos, pela justificação midiática de seus privilégios inconstitucionais.

Deste modo, para que se compreenda como chegamos ao "ponto fora da curva" de "matar no peito" qualquer decisão contrária ao ordenamento constitucional, "porque a literatura jurídica me permite", é preciso voltar o olhar não para o STF, mas lá embaixo, para o início do processo de criação destas aberrações, todas absolutamente funcionais.

É na relação entre formação jurídica e cooptação para as instituições judiciais que se encontra um dos elementos capazes de esclarecer como e porque devemos ter ou não medo desse nosso judiciário, que se reproduz à imagem e semelhança da operação Lava Jato.

Assim, podemos iniciar esta tentativa de resposta afirmando que é sabida, pelo menos para quem estuda o ensino jurídico no Brasil, a precariedade da formação intelectual proporcionada historicamente pelas faculdades de Direito. Configura-se esta como uma técnica limitada em conhecimento jurídico e quase nula a respeito de questões históricas, sociológicas e políticas.

O nascimento do jurista Lava Jato

A formação jurídica produz e/ou reforça a dissociação entre o operar do direito e o observar das leis e da constituição. É comum se ouvir de professores e alunos que uma coisa são os livros e códigos e outra completamente distinta é a prática das instituições jurídicas.

Isto denota não somente a pouca qualidade da literatura jurídica reproduzida nas Faculdades de Direito, a sua incapacidade de desvendar os fundamentos, as funções e as regularidades das práticas institucionais. Igualmente desvela um funcionar quase tradicional dos operadores do direito: a legitimação de seus procedimentos não se dá pela via normativa, pelo esforço em fazer cumprir a lei, mas pela reprodução acrítica, pela subserviência pura e simples ao que é imposto através dos poderes de fato.

Daí o estudo de véspera de prova através de manuais esquematizados, resumidos, sintetizados, produzindo uma verdadeira *resumocracia*, como nos lembra o próprio Lênio Streck.

Neste andamento, a cultura ocidental – seja jurídica, política ou histórica – é solenemente ignorada, e, não por acaso, os professores com atividade judicial são aqueles a imitar, num processo de simbiose salutar. Aqui, o objetivo primário que é ser aprovado num concurso. Vestir-se, falar e pensar como um juiz que ministrou aula é o primeiro passo para que se seja aprovado no concurso da magistratura que o próprio magistrado/procurador/professor irá participar, por exemplo.

Colocando o exemplo em cores, não estranha o fato de que, ante a crise da UERJ – modelo de desmonte do ensino público a ser induzido artificialmente nas demais Universidades do país – a sua Faculdade de Direito esteja discutindo a possibilidade que o Tribunal de Justiça do Rio de Janeiro a absorva. Isso mesmo. Há um debate em andamento, nesse início de 2018, para que o Judiciário tenha o controle da produção de seus próprios quadros, a partir da abdução de uma faculdade pública, por conta de uma crise financeira politicamente induzida. Isto livraria a Faculdade de Direito da UERJ do desmonte planejado e a submeteria, de uma vez por todas, desta vez de forma oficial, ao controle político e ideológico do judiciário.

Portanto, não basta ser um bom concurseiro para se transformar em um jurista Lava Jato. É preciso incorporar a linguagem, os símbolos e o repertório "intelectual" dos "eleitos". É fundamental a interação social que permitirá os futuros "pactos de sangue" tão característicos das inconstitucionais – mas extremamente produtivas e consumíveis – "forças-tarefa". E isto só se realiza nas Faculdades de Direito "abençoadas" pelo judiciário, seja formal ou informalmente.

Neste sentido – o da dissolução entre conhecer o direito e operar os símbolos sociais que permitem a ascensão na carreira –, servem muito bem ao novo jurista Lava Jato as pseudoteorias que justificam o arbítrio travestido de discricionariedade, como o "neo-constitucionalismo" e o "pós-positivismo" tão à moda no STF pós Luís Roberto Barroso.

Um exemplo dessa moda é a defesa, por alguns juristas, como é o caso do Desembargador do TRF-4 João Pedro Gebran Neto, de que direitos sociais não têm aplicabilidade imediata, porque dependem de orçamento. Embora a Constituição não tenha uma linha diferenciando direitos individuais e políticos de direitos sociais, estes últimos entrariam na "reserva do possível", isto é, dependeriam da existência de verba pública para serem implementados. Trata-se de "literatura jurídica" dominante hoje no país, diga-se de passagem, e que exterioriza pura ideologia. E isto pelo fato de que afirma algo que simplesmente não está na Constituição. Esta "literatura jurídica" "orienta" os tribunais em decisões que denegam direitos como o direito à saúde e à educação com base no arrazoado "financeiro".

A afirmação do jurista Lava Jato: o medo do judiciário

A má formação aliada à má consciência produz, em resumo, um judiciário descontrolada e sistematicamente violento, racista, reprodutor voraz de desigualdades. Um local onde negros e pobres encontram a sua nêmesis fatal. E isto num sistema que se sustenta publicamente – em tese – como garante da isonomia e da imparcialidade.

Trocando em miúdos, o judiciário é uma instituição que opera na prática, e regularmente, pelo código da política e não pela disjunção normativa legal/ilegal.

Não é disfuncional ou surpreendente, portanto, ver esta instituição tomar posição não só contra classes subalternas, mas também contra seus inimigos políticos. Afinal, o judiciário é um instrumento de classe e sempre se comportou desta forma. A formação do jurista Lava Jato apenas reafirma algo que está inscrito no núcleo do próprio sistema judicial.

Assim é que alguns de seus membros – criados na frouxidão disciplinar, em seu distanciamento aristocrático do mundo e em sua liberalidade decisória –, descambam para a autopromoção, para cruzadas supostamente moralizantes, para delírios de salvação da pátria.

Neste momento, quando os filtros institucionais não exigem mais operar segundo parâmetros controláveis objetivamente, isto é, quando a lei se transforma num mero instrumento retórico para decisões idiossincráticas, subjetivas e, portanto, parciais, é que a verdadeira face do fascismo judicial se revela. O jurista Lava Jato, finalmente empoderado pelo seu cargo, se mostra como verdadeiramente é: um fascista.

A partir deste momento, torna-se possível responder à pergunta do Lênio Streck: será que eu acredito que a justiça deve ser temida?

A questão apareceu quando o juiz lavajatista, depois de surgir em redes sociais posando com um fuzil de assalto, afirmou que é necessário temer o judiciário.

Ora, quando um juiz diz que "a Justiça tem que ser temida. É necessário que haja esse temor, que as pessoas tenham medo" nada mais faz que explicitar o caráter de poder nu, de violência, do sistema judicial brasileiro.

Há, aqui, um distanciamento da concepção moderna do direito, fundada na estabilização das expectativas, na certeza e na segurança jurídicas, no respeito aos procedimentos e às regras. Há, por outro lado, uma aproximação com a concepção do senso comum sobre a ditadura principesca de Maquiavel.

Nesta leitura rasa, o judiciário não deve procurar ser amado, isto é, respeitado pela produção da justiça, pela aplicação da lei de forma isonômica. Deve ser temido pela sua capacidade de provocar dor, punição e vergonha. A dualidade sinuosa do pensador florentino é jogada às favas pela apropriação maniqueísta.

Diz o magistrado: "É necessário que haja esse temor, que as pessoas tenham medo. (...) As pessoas têm que ter o temor e considerar: 'se eu fizer alguma coisa errada, eu posso ser condenado, eu posso ser preso, eu posso ser envergonhado'".

Especialmente se contrastada com a justificativa moderna (legal, constitucional) do sistema repressivo, que se propõe exatamente a afastar a desmedida e o arbítrio característicos do modelo absolutista, esta afirmação soa um tanto bizarra. Mas nada distante desse "tipo ideal" do jurista Lava Jato.

Não entrarei no debate jurídico penal sobre a lógica dissuasória da prevenção especial negativa, isto é, do suposto caráter atemorizante das penas. Inúmeros trabalhos científicos já deram conta de demonstrar o funcionamento seletivo da persecução penal e, portanto, da precariedade sistêmica da repressão. Apesar de termos um sistema carcerário abarrotado, a massa de presos lá se encontra não por ter cometido crimes, mas por não ter tido condições sociais e financeiras de produzir defesa jurídica.

Assim, propalar o temor à repressão da corrupção comporta um sentido político que precisa ser desvelado.

Em primeiro lugar, o sentido do suposto "diagnóstico" de que a corrupção é um problema que envolve primordialmente os agentes do Estado e a classe política em geral. A cegueira sociológica deste argumento radica no fato de que o próprio sistema capitalista opera à revelia das normas jurídicas, produzindo, estimulando e se desenvolvendo na corrupção. A sociedade corrompe o Estado. O poder econômico corrompe a política, e não o contrário.

O judiciário – este judiciário tipo Lava Jato –, entretanto, e em segundo lugar, funciona como um garantidor subserviente, um legitimador da dinâmica do capitalismo, exatamente na medida em que opera privilegiando o discurso repressivo, a recair exclusivamente sobre a população que se encontra às margens do sistema produtivo. É o mesmo discurso tosco de Jair Bolsonaro. Mas estamos diante do judiciário Lava Jato, tão fascista quanto.

Assim, a altamente seletiva "exceção" arbitrária da operação Lava Jato está aí para confirmar e refundar a legitimidade da regra. E não somente.

Em sua estratégia de justificação, a Lava Jato aparentemente existe para produzir a noção simbólica de regularidade da justiça, mas faz isto exatamente através do capricho, da perseguição política e da propagação do terror.

É importante, portanto, que se compreenda que a Lava Jato não é uma manifestação excessiva e anormal do arbítrio do judiciário, mas sim a confirmação – amplificada pelos holofotes – de uma regularidade perversamente burocratizada de todo o sistema judicial. O modelo Lava Jato de funcionamento da justiça não é a exceção, mas a problemática regra.

A afirmação de que é preciso produzir medo do judiciário para que ele opere a salvação é apenas o momento em que o poder se mostra grotesco, isto é, ao mesmo tempo incompetente ao não dominar o discurso de legitimação palatável a uma compreensão laica, moderna e racional da instituição, e também paradoxal e totalmente capaz de fazer a máquina repressiva atuar a pleno vapor. Um poder grotesco que é rebaixado intelectualmente e, ao mesmo tempo, eficaz na realização de sua missão política corrompida.

Ao não considerar necessária a submissão de seus atos aos limites da lei e da Constituição, ao operar independentemente das convenções que deram origem à própria instituição, e ao justificar os meios arbitrários aos fins políticos, está-se diante do puro e simples fascismo, e da mais cristalina corrupção.

(10/01/2018)

BARROSO NO PAÍS DAS MARAVILHAS

Às vezes, o desprezível parece íntegro, o pequeno parece grande e o espúrio parece legítimo. Isto quando há ou uma desculpa para um entendimento de mundo que nos sirva a alguma finalidade ou, por outro lado, quando se trata tão somente de uma perspectiva deturpada. No primeiro caso, estamos diante do que Aristóteles chamava de redescrição paradiastólica, um artifício retórico a transformar o vício em virtude, no intuito de seduzir audiências. No segundo caso, o da alteração pura e simples da percepção, testemunha-se a chamada *Síndrome de Alice no País das Maravilhas*. Nesta doença, descrita pelo psiquiatra John Todd em 1955, o indivíduo é submetido a alucinações equivalentes ao uso do LSD, imaginando distorções no mundo em volta e até mesmo no próprio corpo e em suas capacidades.

Vamos acreditar que o caso do texto do Ministro Luís Roberto Barroso publicado no Conjur[1] – onde este louva as decisões do STF e acolhe com entusiasmo a "nova ordem" política – é, nesse sentido, não uma espécie de submersão em um conto de fadas autocondescendente e condenável, fruto de um desvario narcísico qualquer, mas apenas a utilização da mais antiga e conhecida arte retórica.

Mas além das redescrições usuais, o texto de Barroso é profícuo em omitir causas eficientes e conhecidas de fenômenos políticos graves. É a

1 BARROSO, Luís Roberto. Atravessando a tempestade em direção à nova ordem. Disponível em: https://www.conjur.com.br/2018-dez-28/luis-roberto-barroso-atravessando-tempestade. Acesso em: 28 dez 2018.

antítese do que o historiador grego Tucídides entendia por ser o trabalho do historiador: desvelar os motivos profundos por detrás das justificativas aparentes. Nesse sentido, o autor parece menos querer de fato fazer História, mas apenas construir uma narrativa que o beneficie, eventualmente colocando-o como um ativo importante para a sua já tão admirável "nova ordem".

Comecemos pelo principal. A articulação espúria entre meios de comunicação de massa e setores politizados do Judiciário, do MP, da PF, incluindo, evidentemente o próprio STF, foi um dos elementos da degradação da política brasileira nos últimos anos. Sobre este fato, nenhuma linha no texto do Ministro. Obviamente, assumir tal "motivo profundo" seria atirar uma pedra na vidraça da própria legitimidade.

A politização da justiça e a judicialização da política – reduzidos retoricamente a um "ativismo judicial" tido às vezes como bem-vindo, às vezes como um pouco exagerado – violaram sistemicamente as normas jurídicas e consolidaram uma prática judicial de compadrio político via "mutação da Constituição", termo sofisticado para o descarte do texto constitucional indesejado.

O Ministro Barroso, autoproclamado iluminista, reafirma em parte a politização do Judiciário ao entender ser este responsável por "mudar paradigmas inaceitáveis e empurrar a história na direção certa (sic)". Por outro lado, nega o protagonismo político interessado e proativo do STF. Diferentemente do que diz em seu texto, foram setores politicamente relevantes do Judiciário que absorveram paixões políticas artificialmente radicalizadas pela mídia.

E foi a atuação metódica do STF que provocou a criminalização da política e o seu desprestígio, em processos que transformaram os outrora constritos e togados ministros em super-heróis condescendentes com a exposição laudatória e com as justificativas cabotinas para a débâcle da democracia brasileira.

Nesse sentido, o debate público foi sequestrado pelos meios de comunicação que, por sua vez, entenderam por bem eleger – também de forma artificial e falsificada – os "jovens idealistas" do sistema de justiça criminal como os baluartes da moral, como os representantes da vontade popular. Alguns desses jovens idealistas não foram para a política, mas para o Judiciário, como diz Barroso. Alguns deles, os mais idealistas, ou os mais ambiciosos, acabaram, ao fim e ao cabo, indo para a política. Será que somos capazes de imaginar apenas um exemplo dessa migração do Judiciário para a vida política na "nova ordem", na onda do fenômeno da midiatização do Judiciário?...

Então, outro fato interessante que não é fruto da análise do Ministro é que, ao mesmo tempo em que verificamos o crescimento da presença do judiciário via mídia, percebemos um processo radical de transferência de seu poder decisório: o país deixou de ser guiado pela ordem jurídica propriamente dita, mas sim pela sua interpretação de ocasião, derivada de pressões externas, coordenadas pela mídia e por interesses econômicos indeterminados, eventualmente alienígenas. A perda de poder do STF, em especial a demonstrada no episódio Marco Aurélio/Toffoli/Forças Armadas, é exemplar nesse sentido.

A narrativa produzida para a caça à corrupção – e não aos corruptos (vide a falta de acordos de leniência que levaram empresas estratégicas à bancarrota) – passou a ser o modus de controle da vida pública nacional, Judiciário a reboque.

Dizer, portanto, do Judiciário que "atiraram-no (sic), muitas vezes na linha de tiro das paixões políticas" é usar de literatura barata para transformar o algoz – ou, no mínimo, um agente político interessado – em uma vítima indefesa da fraqueza das instituições que ele próprio colaborou para enfraquecer. Entramos no campo da redescrição.

Afinal, a violação do texto constitucional e processual penal do "trânsito em julgado" para permitir a prisão em 2ª instância foi para fazer cumprir a ordem jurídica como um todo, para realizar o texto constitucional, ou para manter Lula preso, num cálculo político que pode ser tudo, menos republicano?

Embora negue retoricamente a voluptuosa e ativa participação do STF no festim político que sucedeu à ascensão do presidente Temer, foi este o ator que chafurdou nos holofotes da mídia, chamando para si a integridade moral dos semideuses enquanto vandalizava descaradamente a Constituição e os julgados pregressos da casa de acordo com o *timming* da ocasião.

De 2016 para cá – e fazendo o mesmo recorte histórico benevolente de Barroso em seu texto, isto é, sem retroceder à Ação Penal 470, por exemplo – o STF foi um agente operacional da consolidação da velha ordem da política, desde o próprio Temer às eleições de 2018. E não se pode esquecer que o STF preparou em parte significativa a "nova ordem" com a autorização para que os cidadãos brasileiros se sujeitem à "colaboração premiada" já na fase do inquérito, reeditando o problema das ditaduras brasileiras – o empoderamento do guarda da esquina. Talvez aqui saiamos um pouco da retórica de Aristóteles e entremos no mundo de Alice das Maravilhas, onde, de alguma perspectiva alucinada, a ampliação do Estado policial seja um serviço prestado ao Estado de Direito e à democracia...

Nesse sentido, o STF não foi a faxineira da "tempestade política, econômica e ética" como sustenta Barroso, mas foi, sim, um de seus agentes mais entusiásticos: foi o defensor do atraso, da fragilização de direitos, do sórdido enfraquecimento dos demais poderes, enfim, foi quem chancelou em definitivo o estado de exceção e é hoje quem resguarda a ascensão da extrema direita ao poder – classificando-a como "íntegra", "idealista" e "patriótica". A "nova ordem" do Ministro Barroso se eleva caminhando sobre os despojos vandalizados de nossa democracia, despojos esses possibilitados pela ação/inação/proação de conveniência do STF. Seria risível se não fosse mediocremente trágico. Seria uma alucinação distópica se não fosse concretamente tão real. Seria apenas uma figura de retórica se não fosse a nossa história.

(28/12/2018)

A MAIOR ORGANIZAÇÃO CRIMINOSA DA HISTÓRIA DO JUDICIÁRIO BRASILEIRO?

Em 1958, na Copa do Mundo da Suécia, o técnico da Seleção Brasileira de futebol Vicente Feola teria orientado o gênio Garrincha para, no jogo contra a Rússia, levar a bola do meio do campo até a marca do pênalti e cruzar para gol. Garrincha teria dito: – Tá legal, mas o senhor já combinou isso com os russos?

A mais famosa anedota do futebol brasileiro deu origem ao apelido que o então Juiz Sergio Moro recebeu dos seus aparentes comparsas do Ministério Público Federal, na famigerada "Operação" Lava Jato: o "Russo".

Claro. Segundo conversas no aplicativo *Telegram* – vazadas pelo *The Intercept Brasil* na noite de domingo, junho de 2019 –,[1] Dallagnol, o Procurador responsável pela condução das acusações, combinava com o "Russo", o juiz da causa, o que e quando fazer, no que pode se tornar o maior escândalo de corrupção da história do Judiciário Brasileiro.

O hoje Ministro da Justiça e da Segurança Pública Sergio Moro, o "Russo", supostamente comandava pelo aplicativo de mensagens criptografadas (tecnologia ironicamente de origem russa) a estratégia da acusação diretamente com os Procuradores da "Operação". Além de ser inconstitucional a confusão entre acusação, investigação e juízo, a participação de juiz em atividades investigativas é vedada expressamente pela legisla-

1 THE INTERCEPT BRASIL. As mensagens secretas da Lava Jato. Disponível em https://theintercept.com/series/mensagens-lava-jato/. Acesso em: 09 jun 2019.

ção. E o conluio expresso entre Procuradores e Juiz da causa, se provado, é crime e enseja exonerações e condenações criminais.

Mas o caso pode tomar contornos ainda mais graves. Segundo o *Intercept*, as reportagens deste domingo são apenas a ponta do iceberg de uma série de investigações jornalísticas a serem desenvolvidas a partir de farto e inédito arquivo contendo "mensagens privadas, gravações em áudio, vídeos, fotos, documentos judiciais e outros itens" trocados entre procuradores e juiz.

As mensagens publicadas não somente são absolutamente críveis e apresentadas no seu contexto temporal em consonância com decisões estratégicas nos processos, como ainda no domingo, às 20:08, os próprios procuradores vítimas do vazamento confirmaram em nota que as mensagens são de fato oriundas de seus celulares.

Não é remota a possibilidade de que o atual Ministro Moro sinta o golpe e tente uma solução desesperada, tipo o clássico e conhecido "empastelamento" do jornal ou a perseguição dos jornalistas envolvidos na matéria. Seria passar em cartório o fato já comprovado de seu comprometimento político quando, ainda juiz e antes de terminar a campanha presidencial de 2018, aceitou o cargo de Ministro.

As instituições políticas brasileiras, especialmente o Poder Judiciário, estão hoje diante de um dilema que carrega o futuro de sua legitimidade e credibilidade. Será que todo o judiciário funciona como levam a crer as conversas vazadas? Se não, será que os órgãos de controle permitirão a continuidade operacional dessa "banda podre"?

Se a Procuradoria Geral da República deixar passar em branco as provas que aparentemente se avolumam na série de reportagens produzida pelo *Intercept*, e não abrir investigação contra os procuradores, delegados e juízo de Curitiba – e mesmo contra a Turma do TRF4 que pode ter igualmente atuado em jogral com a Lava Jato – estará em conluio político com o escândalo. Até para que os envolvidos possam se defender, e esperando que se garanta a presunção de inocência de todos os cidadãos ainda por citar nas reportagens do *Intercept*, é necessária, imperiosa, uma investigação.

No mesmo sentido, se a habitual leniência do Conselho Nacional de Justiça – e do Conselho Nacional do Ministério Público – perdurar mesmo após o escandaloso vazamento de conversas que indicam a possibilidade de existência de um sem-número de crimes do então Juiz Sergio Moro e dos procuradores do Ministério Público Federal que compunham a "Operação" Lava Jato entre 2015 e 2017, é porque as instituições do país realmente não servem mais para nada.

A gravidade da denúncia é tão superlativa que o caminho mais acertado seria a abertura imediata de uma Comissão Parlamentar de Inquérito no Congresso Nacional.

Se nada for feito por nenhuma dessas instituições, aí não se trataria de apenas uma "banda podre" do Judiciário, mas na corrupção total do poder republicano.

Não sabemos ainda se, depois de 2017, os Procuradores do MPF do Paraná continuaram nessa espécie de jogral delitivo com a nova juíza da causa – que já confessou ter copiado e colado textos e textos da decisão de seu antecessor, hoje ministro. Também não sabemos se o mesmo expediente supostamente utilizado por Sergio Moro com os Procuradores da Lava Jato foi usado com algum Desembargador do TRF4.

Ou seja, o escândalo pode ser bem maior e atingir, eventualmente, as cortes superiores.

Nada, diga-se de passagem, que não se pudesse adiantar dados os sinais explícitos de condução política dos processos de Curitiba. Nada que não pudesse ser deduzido pelo afã punitivo que levou a "Operação" de Curitiba a provocar a falência de dezenas de empresas de construção civil – algumas das maiores do mundo, sediadas no Brasil –, aumentando sensivelmente as taxas de desemprego e diminuindo de forma palpável a economia, as exportações e a produção industrial do país.

A "Operação" Lava Jato, desde sempre inconstitucional, parece revelar hoje a sua faceta verdadeiramente criminosa. Atingiu não somente a economia do país, mas fragilizou as nossas instituições democráticas a ponto de muitos não acreditarem mais estarmos vivendo em uma democracia, num Estado Democrático e constitucional de Direito.

Se assim for, e se os fatos hoje revelados não produzirem movimento consistente das instituições ainda de pé; aí, finalmente, será dado de fato o aval para que o presidente eleito – eleito por conta do trabalho aparentemente criminoso da própria "Operação" Lava Jato – realize a contenção de despesas final: declare extintos os demais Poderes da República, e passe a governar por decretos redigidos pelo seu Ministro da Justiça e Segurança Pública.

Lembre-se que em 1958, mesmo sem combinar com os russos, o Brasil ganhou pela primeira vez uma Copa do Mundo. Hoje, 61 anos depois, mesmo combinando com o "Russo", o MPF brasileiro deu a maior bola fora da história do Judiciário e transforma-se, a olhos vistos, em mais uma vergonha nacional. Oxalá não leve todo o país junto com ele.

(09/06/2019)

LULA PRESO, SEU IRMÃO VAVÁ, MORTO. CIVILIZAÇÃO E BARBÁRIE

Lula não é mais um líder, um estadista que mudou o país. Morto-vivo na casa de Curitiba, ele é um sintoma do que virou o Brasil. Antes de Lula ter seu legado grotescamente atingido pela violência de um setor politizado e corrupto do judiciário, havia um credo na permanência das instituições democráticas, nos direitos fundamentais cantados em verso e prosa por Ministros do STF. Mas quando até mesmo os generais atestam a falta de humanidade dos carrascos do presidente, o país pode, finalmente, se assumir como a farsa que tem sido acusado de ser.

E o que é o Brasil hoje? Seria mais uma vítima do que alguns chamam de guerra híbrida? Ou existe algum incauto que radica a dissolução da ordem política à genialidade de juízes de piso e procuradores que decidem violar a lei em jogral coletivo, pela simples e estrutural covardia que os constitui?

Não. O Brasil que é velado hoje – junto com o Vavá, irmão do presidente –, não foi morto e sepultado por seus filhos diletos, pelos concurseiros vitoriosos, pelas corporações sedentas de poder, incrustadas no sistema repressivo. Seria uma quimera resolver uma questão tão complexa a partir de elementos tão primários.

Quando o STF resolve violar o direito mais sagrado de qualquer preso, que é poder enterrar seus entes queridos, lançar olhos para a geopolítica, para a cobiça que cerca as nossas riquezas, talvez seja mais producente que procurar nos covardes a responsabilidade que permitiu esse retrocesso civilizacional.

E é importante um parêntese repetido *ad nauseam* nesta última quarta-feira de janeiro de 2019. Desde que Sófocles relegou Creonte à figura mais patética das tragédias gregas, quando este impediu que Antígona enterrasse o próprio irmão, o ocidente entendeu ser algo de profundamente humano permitir esta conexão afetiva: mesmo aqueles considerados os socialmente mais abjetos e marginais deveriam ter o direito de velar os seus.

Diga-se de passagem, que, a se creditar válida a historiografia grega, a civilização nasceu da ode aos mortos. O discurso de Péricles às primeiras vítimas da batalha entre Atenas e Esparta é o documento desta trama de nossa tradição, incrustada inclusive na Lei de Execução Penal, nunca dantes questionada neste ponto.

Honrar os que foram nos torna melhores. Nos conecta com a vida social. Nos possibilita desejar defender a cidade e suas leis. O Art. 120 da Lei de Execução Penal trata exatamente disso. O STF em tempos de regularidade pré-lulista também. Mas algo se quebrou. E é preciso dizer, entretanto, que a nossa derrota civilizacional não nasce nem acaba no direito, ou nas interpretações escrotas que se fazem dele nesta data.

O Brasil, ontem, atravessou o rubicão. Resolveu eliminar institucionalmente quaisquer limites de civilidade, sem que ninguém ousasse questionar institucionalmente. Dizem os conservadores, como Emerson, que as instituições são a sombra alongada de um homem. Somos a sombra de uma mediocridade que fede.

Hoje, talvez com mais clareza, o país assiste bestializado a possibilidade de ser soterrado por uma miríade de dejetos tóxicos, espalhados estrategicamente para sentirmos na pele o que significa uma bolsa de… dejetos tóxicos. A Vale do Rio Doce, nesse sentido, exsurge como um exemplo claro e insofismável da derrota do modelo de privatizações que dominou a sanha de governos como o de Fernando Henrique Cardoso.

Como Temer, FHC fatiou o que conseguiu fatiar, e entregou estatais importantes por preços pornográficos a capitais abutres. Nada diferente do que os donos do poder do momento desejam fazer. Sejam capitães ou generais. Somos filhos bastardos desse processo histórico que insiste em nos empurrar para as impossibilidades do passado. Quando não tínhamos tecnologia nuclear, capacidade industrial, quando éramos apenas exportadores de comodities, país de bananas, tempos da Vale, o butim estava muito mais fácil, lambendo os beiços à nossa porta.

Bastou o cara, aquele cara, ousar pensar que poderíamos ser realmente o país do futuro, e foi fácil entender por que entramos pelo cano. As instituições até então operavam normalmente. Máquinas de moer carne garantiam que a pobreza se criminalizasse às expensas do Estado.

A compreensão que transformou a era de privatizações em algo legítimo permanece operante. A violência necessária para vender o país, idem. Somos o retrato de um morto que precisa se desenterrar para valer o direito dos seus de sofrerem o luto. Numa instalação militar.

Pode parecer exatamente o contrário, mas nada disso tem que ver com o Brasil. Se as nossas elites escravocratas ainda mandassem alguma coisa, a civilização grega da escravidão imporia a tradição. A tradição só pode ser dilacerada porque não mandamos mais em nossos destinos. Estamos à mercê dos que vêm de fora.

Hoje somos liderados pela exclusiva sanha do capital. Que não se importa com nada. Que não precisa se legitimar em nenhum acenar. Nem no mais ancestral gesto de humanidade.

Talvez o povo entenda isto. Afinal, o Vavá, hoje, tem mais voz que aquele punhado de concurseiros que o deixaram ser enterrado sem o pranto de seu irmão, numa violência que nos traz de volta à barbárie e à escuridão de algo que antecede à guerra, que é o oposto da civilização. E o Brasil, à imagem e semelhança do irmão de seu maior líder, se vê morto, sem ninguém com coragem suficiente para enterrá-lo.

(31/01/2019)

DO TENENTISMO À DITADURA TEOCRÁTICA LAVAJATISTA DE CURITIBA

O Brasil é hoje o país dos tenentes. E não só pelo presidente Jair Bolsonaro, um ex-militar. Mas, em especial, pela movimentação político-partidária dos procuradores de piso do Ministério Público Federal, no coração da já famigerada "Operação" Lava Jato.

O caráter político-moral e messiânico dos tenentes não é uma novidade na história do Brasil e nem o é a comparação dos moralistas de antanho com os demiurgos da Lava Jato. O cientista político Luiz Werneck Vianna já alertava para o monstro forjado pelo recuo das instituições políticas ante o avanço do corporativismo midiático da República de Curitiba ainda em 2016.[1]

O professor Werneck lembra que nos anos 1920 os tenentes não eram somente os aventureiros que se lançaram para a morte na tomada do forte de Copacabana, eles tinham projeto de reforma política e econômica definido.

Em seu livro de 1932, João Cabanas escrevia sobre o exemplo de um obtuso líder do movimento militar que, como tantos outros, se tornara interventor de Getúlio Vargas: "Colocado, por inexplicáveis manobras e por circunstâncias ainda não esclarecidas, na chefia do mais importante estado do Brasil, revelou-se de uma extraordinária, de uma admirável

1 O CAFEZINHO. Juízes e procuradores que se comportam como Tenentes de toga, afirma Luiz Werneck Vianna. Disponível em: https://www.ocafezinho.com/2016/12/20/juizes-e-procuradores-que-se-comportam-como-tenentes-de-toga-afirma-luiz-werneck-vianna/. Acesso em: 20 dez 2016.

incompetência, criando, em um só ano de governo, um dos mais trágicos confusionismos de que há memória na vida política do Brasil, dando também origem a um grave impasse econômico (déficit de 100 000 contos), e a mais profunda impopularidade contra a Revolução de Outubro, e 'ter provocado no povo paulista, um estado de alma equívoco e perigoso'. Nossa história não registra outro período de fracasso tão completo como o do tenentismo inexperiente!".

Sabemos hoje que esse estado de confusão entre salvacionismo, militarismo, política e direito produziu na história movimentos muito mais radicais que o gerado pelo tenentismo brasileiro. Parte dos tenentes getulistas abraçou o golpe de Estado e legitimou uma constituição de fachada que lhe assegurava poder político, reeditando de forma modernizada o velho coronelismo do voto de cabresto: a partir de Vargas, os tenentes sequer precisaram de sufrágio para que se tornassem senhores dos Estados.

Para além do Estado autoritário, antiliberal e semifascista de Vargas, o mundo viu surgir um movimento muito mais radical e paradigmático: o nazifascismo.

Ernst Fraenkel, no seu clássico *O Estado dual* (1941), argumentava que na Alemanha sob Hitler coexistiam duas formas institucionais do direito. No campo cível, as normas jurídicas e os processos e procedimentos judiciais e administrativos garantiam a propriedade privada numa regularidade e numa normalidade que se chocavam com a situação da área pública. No campo penal e administrativo, vigorava o Estado de Prerrogativa, o mando do Führer, a mais violenta arbitrariedade.

Essa aparente dupla face das instituições sob o nazismo não teria outro desfecho senão o domínio do Estado de Prerrogativa sobre todos os campos da vida social, o que soterraria os resquícios formais do Estado de Direito.

A questão que se coloca hoje é a seguinte: é possível que a era Bolsonaro/Lava Jato possa ser considerada uma revivescência institucional-judicial do moralismo tenentista em conjunção ao Estado de prerrogativa nacional-socialista da Alemanha dos anos 1930?

Para um início de resposta, acrescente-se à conjuntura atual a eclosão de uma violência contra as classes subalternas mediada pelo racismo estrutural que nos acomete. Violência de classe que encontra perfeito eco em parte significativa de nossos governantes. O poder grotesco aparecendo seja nos atos do presidente da República, seja em governadores como Wilson Witzel, do Rio de Janeiro, ou João Dória, de São Paulo.

O discurso – e a prática – potencialmente genocida do presidente ecoa por estes seus correligionários, que o emulam com o desejo nada oculto de substituírem num futuro próximo o pai político, dando segmento ao projeto bárbaro de dissolução de uma civilidade ainda em gérmen.

O resultado é o incremento da violência de Estado nas periferias, com a população pobre e negra sendo exterminada como insetos, bem ao estilo do desejo de políticos fascistas, como o penalista italiano Enrico Ferri. Este desejava que a profilaxia sanitarista atingisse as escolas públicas, identificando criminosos na mais tenta idade e os isolando em navios a serem afundados preventivamente.

A imaginação fascista para a barbárie não tem limites. E o Brasil se mostra um terreno cada vez mais fértil para o seu desenvolvimento. Senão, vejamos.

Os vazamentos do *The Intercept Brasil* desnudam não somente o enviesamento político do processo penal no Brasil, mas o projeto de tomada de poder imaginado nos devaneios mais recônditos, nos mais loucos desvarios dos *chats* privados que Deltan Dallagnol, o Tenente lavajatista, mantinha consigo próprio.

O projeto moralista de limpeza da política, característico de mentalidades autoritárias, transmutou-se rapidamente em projeto de poder. Não é por acaso que Sergio Moro não estava só. As instituições judiciais, transformadas em balcão de negócios escusos, forjaram-se como trampolim político para todos os que assim desejassem fazê-lo.

No caso das quimeras políticas de Deltan, acrescente-se que os aliados de sempre, como o Senador Álvaro Dias, figuravam como plenamente descartáveis diante do messianismo redentor do procurador.

Mas este, o chefe do que se pode chamar de uma verdadeira quadrilha formada em Curitiba sob o olhar condescendente das agências de controle, tinha razão em sua estratégia: para que se lançar Senador sem que a corporação entrasse de vez na política como um todo?

O sentido político da corporação teria que se realizar como projeto corporativo de poder. Ecos do tenentismo.

Mas esse projeto de poder só seria possível ao Ministério Público Federal se este assumisse não somente as pretensões políticas dos tenentes de Curitiba, mas também incorporasse como usuais e regulares as práticas aberrantemente ilegais e inconstitucionais realizadas durante a "Operação" Lava Jato.

Neste projeto, o Estado de Prerrogativa realizado no ensaio da Lava Jato em Curitiba se expandiria como um câncer por todo o *parquet*.

O Partido lavajatista encontraria uma instituição – o MPF – para se ocupar do financiamento desta nova aventura, que seria a de substituir a classe política corrupta por um conjunto de cruzados ungidos por Deus, instituintes do que provavelmente seria um dentre muitos projetos de Estado ditatorial teocrático em gestão hoje no país.

Assim, não é exagero afirmar que o tenentismo fascista e proto-teocrático do presidente Jair Bolsonaro encontrou seu espelho no tenentismo corporativo-fascista moralista teocrático da "Operação" Lava Jato (que pode ser chamado em resumo de *lavajatismo*) de um de seus líderes.

Ai de nós se dependêssemos apenas do movimento histórico das estruturas econômicas e sociais. Ai de nós se não aparecesse um sujeito histórico forjado para abalar essa estrutura. E aqui não falo ainda de partidos e movimentos sociais. Falo do competente Glenn Greenwald e de sua estratégia jornalística de desmontar, uma por uma, as mentiras e de denunciar, um por um, os crimes do *lavajatismo* que ainda quer avançar sobre nós.

Graças a Glenn, o nosso tenentismo *lavajatista* está morrendo na praia, desta vez de forma bem pouco heroica.

(04/09/2019)

O STF E O PAÍS NO GOLPE DE 2022

O Supremo Tribunal Federal se prepara para talvez o mais importante ano de sua história. Não será a primeira vez que estará no centro do tablado para decidir os rumos políticos do país.

Desta feita, já tem clareza de que precisa facear um golpe contra a própria instituição, a Corte mais alta do Judiciário brasileiro. Resta saber se será capaz de enfrentá-lo sozinho.

É fato que este golpe tem sido anunciado há tempos pelo presidente da República Jair Bolsonaro. E não se trata apenas das ameaças constantes às eleições, ao regime democrático às decisões do STF. Foi tentado de fato e sem sucesso, por exemplo, no 07 de setembro de 2021.

Para além do epifenômeno – isto é, dos discursos e das manifestações em praça pública –, consiste, neste momento, em minar a força política do STF, em desconhecer suas decisões fundamentais e questionar a lisura do processo eleitoral, que ficará sob a guarda da Corte e do TSE no segundo semestre de 2022.

Bolsonaro elegeu, na quadratura final de seu mandato, o STF como seu inimigo público fundamental.

Isto pelo simples fato deste ser a instituição que, com muita clareza, pode colocar limites ao seu governo de constantes desvarios, de usuais violações das mais variadas normas, sejam sociais, sejam de direito.

O STF hoje é quem pode frear Bolsonaro.

A regularidade normativa produzida pelo Supremo é o maior inimigo de um governo que se alimenta do desatino. E, em ano de eleições presidenciais, quando a vitória aos poucos escapa das mãos de Bolsonaro – segundo as pesquisas eleitorais –, desacreditar o STF, o TSE e as próprias eleições se torna uma estratégia de sobrevivência.

Bolsonarismo, Judiciário e evitação do golpe

Para realizar o seu declarado propósito, de perfil autocrático, o presidente aposta na mobilização permanente da libido da massa de seus seguidores. Nesse sentido, declarar e incitar batalhas contra um inimigo político atiça de forma constante e em frenesi esperançoso e paradoxalmente agressivo a massa do bolsonarismo.

A esperança de Bolsonaro e dos seus é apostar na destruição. E se a bola da vez é incitar o ódio ao Judiciário, em especial ao STF, o Bolsonarismo não brincará em serviço. Como não está brincando.

Nos melhores livros que versam sobre o fenômeno, as performances constantes do líder de caráter fascista são a única coisa que ele pode oferecer. Em troca, a submissão canina a um projeto autoritário e reacionário de poder, para além – obviamente – dos marcos constitucionais.

Como apontam as pesquisas antropológicas e sociológicas feitas recentemente no país sobre o bolsonarismo (os trabalhos de Isabela Kalil, Esther Solano, Rosana Pinheiro-Machado, são alguns bons exemplos), a ligação entre base de apoio e Bolsonaro é predominantemente de caráter irracional, emocional.

Esse liame não se baseia na lógica de uma plataforma de governo, mas na promessa de um movimento: o estímulo constante do desejo, da satisfação libidinal dos seguidores, é mais importante que um programa político com metas e propósitos concretos.

E se o bolsonarismo existia antes mesmo desse nome, foi Bolsonaro que conseguiu capturar os sentimentos de insatisfação e vetorializá-los em sua figura (não sem o apoio da mídia hegemônica, ou seja, da burguesia, como se verá a seguir).

Daí a utilização de memes, redes sociais, grupos de *Telegram* e comunicação alternativa na construção de laços afetivos – através da satisfação instantânea proporcionada por estes instrumentos – entre Bolsonaro e setores importantes da população brasileira.

E o que mais impressiona é que quanto maior o desalento e a situação de precariedade, maior a dificuldade desses setores em se afastar de uma perspectiva de inflexibilidade no abraço do bolsonarismo.

No entanto, mais forte que a relação afetiva entre Bolsonaro e sua massa é o "medo pânico" de que a fraqueza ínsita nesse líder sem qualidades seja de qualquer forma desmascarada.

Como já explicava Freud há cem anos, a massa se dissolve diante do pânico da perda do líder, e a sua angústia até então represada pela ligação afetiva artificial pode ser, então, liberada.

Nos próximos meses, talvez a resposta constante e firme do STF possa se consolidar como um antídoto a essa psicologia das massas colocada em andamento com a ascensão do bolsonarismo.

Se o STF se assentar política e ativamente como instituição, reagindo altivamente aos desafios lançados pelo presidente, haverá a possibilidade de se estabelecerem limites claros para a política de caos pretendida por ele desde o começo.

O problema nessa equação é ter que esperar uma atuação rigorosa e radicalmente política – mesmo que através da aplicação mais estrita da Constituição – de uma instituição moldada para a acomodação, para a submissão aos movimentos políticos predominantes.

O STF tem sido, desde sempre, um esteio no processo político de estabilização das expectativas das elites políticas e econômicas do país – leia-se, da burguesia – e isso desde que iniciou os seus trabalhos no século retrasado.

Esperar que o STF rompa com este histórico, mesmo por conta da ameaça direta e clara de dissolução de seu poder institucional, talvez seja esperar demais.

Por que um golpe não viria?

A história política do Brasil pode ser descrita, sem problemas ou imprecisões, como uma sucessão de quarteladas e golpes de Estado. Na história republicana, desde 1889 – que foi um golpe/quartelada – a pretensão democrática esbarra em sucessivos episódios de ruptura institucional.

Sem desejar ir muito longe, sabe-se que a dita Nova República nasceu de uma imposição inconstitucional de generais da ativa: diante da morte iminente de Tancredo, ainda não empossado, e violando diretamente a própria "Constituição" do regime de 1964, eles exigiram a posse do vice-presidente eleito, José Sarney, ao invés da realização de novas eleições, como mandava a norma.

Apesar deste nascimento bisonho, a transição para a democracia se consolidou através de um movimento popular intenso no entorno da Constituinte.

Os militares, já em submersão por escândalos incontornáveis de corrupção e violência política, "consentiram" o processo e voltaram aos quartéis. Paradoxalmente, criou-se uma perspectiva de democracia real para o país.

Encontrando uma incipiente e desordenada esfera pública burguesa, a mobilização do baixo clero, organizado em associações, sindicatos e partidos – especialmente o ainda popular PMDB e o Partido dos Trabalhadores em fortalecimento –, desenhou as bases de um governo puramente civil, com pretensões de constitucionalização das suas instituições políticas.

Judiciário e legislativo fortes, ambos caminhavam – ou deveriam caminhar – em equilíbrio com um presidencialismo empoderado pela mesma ordem jurídica. O objetivo cantado em cada esquina era a ampliação e a radicalização da cidadania.

A reconquista burguesa do Estado

Sabemos hoje, entretanto, que a força e a violência do que Florestan Fernandes chamou de "autocracia burguesa" se estabeleceram através da mais descarada e constante violação dos rumos estabelecidos pelo projeto político da Constituição de 1988.

Não tardou para que as elites econômicas encontrassem na mídia hegemônica uma via de expressão e escoamento de seus interesses e de sua visão de mundo.

Os meios de comunicação de massa assumiram o papel de amplificadores não somente dos ideais de vida burgueses, mas de um projeto anti-povo e antidemocrático, expresso no punitivismo, no estímulo à judicialização e à criminalização da pobreza e da política.

O resultado é que o Estado brasileiro e as suas instituições foram colonizados pelos interesses e pela força do capital econômico, um extrato importante da sociedade civil a se locupletar das instâncias políticas para consolidar o seu domínio, com estímulo direto de forças alienígenas (isto é, com apoio dos EUA).

Apesar desse patrimonialismo burguês se dar a olho nu, a "narrativa" construída pela mídia hegemônica, que hoje ainda predomina, é a da corrupção dos agentes de Estado. De um Estado corrupto que age isolado, diante de uma sociedade de "homens de bem".

É como se a raposa acusasse o galinheiro pelos ovos que ela própria furtou e continua a saquear.

Assim, apesar do já saudoso processo de ascensão econômica e de redução das desigualdades operado em especial pelos governos Lula (2003-2010), o incremento orçamentário e de poder de instituições como o Judiciário, as polícias militares, o Ministério Público e as próprias Forças Armadas geraram um oxímoro: um regime dito democrático assentado na mais pura violência de classe.

Fim do hiato "democrático"?

Não tardou para que o epíteto democrático atribuído ao período histórico e tão exaltado nos governos petistas – e inaugurado pelos governos do PSDB de Fernando Henrique Cardoso –, fosse contrastado pelo frêmito golpista e de quartelada das elites brasileiras.

Nas Universidades, pululam monografias, dissertações e teses sobre o golpe de 2016, sobre o caráter criminoso e político da "Operação Lava Jato", sobre o incremento do "partido militar", sobre o golpe eleitoral de 2018, este último posto em andamento seja com a enxurrada de fake News de Bolsonaro e seus financiadores ocultos, seja com a prisão juridicamente surreal de Lula, à frente das pesquisas naquele momento, assim como hoje.

Isto significa, trocando em miúdos, que o golpismo bolsonarista tem raízes muito profundas na sociologia histórica brasileira.

Como afirmado no começo deste texto, o bolsonarismo existiu antes mesmo de Bolsonaro. E com ele apenas encontrou um vetor de deságue na política nacional, consolidando o ódio como caminho alternativo à política de conciliação.

Se a nossa história institucional aponta para a conciliação das elites em pactos a portas fechadas, isto é, sem a participação ou o conhecimento do povo;

Se a conciliação se movimentou em nossa história constitucional através de golpes e quarteladas para evitar, inclusive, o predomínio da vontade popular;

Se as nossas instituições políticas, como o STF, sempre estiveram em posição subalternizada ou em parceria ativa e propositiva com as indicações e as resultantes dos pactos das elites econômicas;

Se a inflexão radicalizada dessa tradição de pactos pelo alto, representada pela ascendência do bolsonarismo, tem mantido até agora parte significativa da burguesia em consonância e em sintonia;

Pergunta-se se será o suficiente, se bastará ao STF figurar de fato como guardião da Constituição para que se suste o golpe que se avizinha.

Provavelmente precisaremos de mais forças e de mais instituições nesse jogo para garantir a sobrevivência da democracia.

E esta é a nossa tragédia. É bem possível que estejamos sós.

(26/04/2022)

pólen bold 90g/m²
tipologia minion pro
Impresso na primavera de 2022